보고서 쓰느라 고생 많죠.
보고의 시발점에서 고군분투 중인

———— 님에게 응원을 담아

한 장 보고서의 정석

한 장 보고서의 정석

일 잘하는 사람들만 아는
ONE PAGE REPORT

한 장 정리의 기술 3가지

박신영 지음

세종

차례

감사의 말   7

프롤로그   보고 피로 좀 풀어봅시다   9

Report 1 왜 '까이는가'?   19

Report 2 핵심 요약

1. 핵심만 뭘 줄이지?   27

2. 핵심 요약 기술: 3가지 핵심 파악 질문법   33

Report 3 구조 정리

1. 구조는 어떻게 잡지?   77

2. 8가지 유형별 보고서   104

Report 4 보고 문장 tip 10

1. 개조식   191

2. 범주화   195

3. 쪼개기   199

4. 제목   206

5. 명사형 정리   210

6. 객관적 근거   212

7. 숫자와 그래프   216

8. 구어체 Vs. 문어체   229

9. 축약어   232

10. 2가지 보고 센스   235

에필로그   건투를 빕니다   244

감사의 말

태초에 하나님이 천지를 창조하시니라. (창세기 1:1)

매일매일 더 부끄럽기만 한 내 인생에서 매일 아침마다 나의 최초, 최고의 피보고자 되어주시는 하나님께 감사드린다.

매일 나의 보고를 알뜰살뜰 들어주고, 함께 기도해주는 존경하는 남편에게 감사하다. 그리고 늘 따뜻한 격려로 함께해주는 가족, 교회 셀원들, 친구들께 감사드린다. 나를 기쁜 피보고자로 만들어준 옹알이 중인 내 딸에게도 감사를 전한다. 나에게 가르침을 준 전 직장, 폴앤마크와 제일기획 선배님들과 동료들께도 감사를 전한다. 그리고 매일 나를 성장시켜주시고 격려해주시는 우리 독자님들과, 강의장에서 뵙는 교육 담당자님과 학습자님들께도 감사드린다.

감사한 만큼 더 도움되는 내용 묵묵히 연구하고, 쓰고, 강의하며 살게요. 감사합니다. 덕분에 삽니다.

박신영

보고 피로 좀 풀어봅시다

'제발 보고서는 한 장으로 쓰자!'는 회사들이 많아지고 있다.

수십 장의 보고서 때문에 쓰는 보고자도, 읽는 피보고자도 너무 피곤하기 때문이다.

피보고자는 "이 많은 걸 언제 다 읽냐", 보고자는 "이 많은 걸 언제 다 쓰냐"라며 분노하고 있다.

그래서 양쪽이 마음 모아 외쳤다.

"우리 한 장으로 쓰자!"

"그래!"

하고 책상 앞에 앉았는데,

'어떻게?'

'무엇부터 써야 하지?'

난감하다. 그래서 '한 장 보고서'에 들어갈 핵심은 어떻게 파악하는지, 구조는 어떻게 짜야 하는지, 문장은 어떻게 써야 하는지 등의 방법을 공유하고자 이 책을 썼다.

이 책은 3가지 유형의 사람들에게 유용하다.

1. 한 장 보고서를 처음 시작하는 사람

시작할 때는 모르는 게 당연하다. 하지만 모른다고 정리해서 가르쳐주는 사람도 당연히 없다. 보고서 작성은, 알고 있는 누군가에겐 '당연한 원칙'들이지만 모르는 사람 입장에서는 꽤 어려운, 알기까지 은근히 시간 많이 걸리고 모르면 인생이 피곤한 일이다. 그럴 때 '아, 누가 한번 쫙 정리해주면 좋을 텐데…'란 생각이 든다면, 이 책이 당신에게 꽤 유용한 보고 입문서가 될 것이다.

2. 자기 전문 분야 연구하느라 '전달의 기술'까지 신경 쓰지 못했던 사람

내가 강의 가서 자주 만나 뵙는 분들이다. 나보다 훨씬 똑똑하고 공부 많이 하신, 그리고 자기 분야의 전문성이 뛰어난 분들. 하지만 그 분야 연구에 퐁당 빠져 '전달의 기술' 문장력이나 구조화까지 연마할 기회가 없으셨던 분들. 이분들께는 이 책이 자신의 머릿속에 숨겨진 전문성을 '전달까지' 잘하게 도와주는 요약 입문서가 될 것이다.

3. '이렇게 통일하자!'를 외칠 수 있는 사람(의사결정자, 리더)

나는 A 스타일, 너는 B 스타일, 쟤는 C 스타일, 보고서 양식, 분량, 구조 스타일이 달라도 어쩜 그렇게 다 다른지. 요즘 이직이 많아지니 문서 형식 혼란이 더 심해졌다. 이때, "우리 그러지 말고, 이렇게 다 맞춰서 씁시다. 형식 생각할 시간에 내용 좀 더 고민합시다"라며, 한번 정리해두면 편하다. 통일된 형식에 적응하기까지 시간이 좀 걸릴 수 있지만, 서로 통일하지 않아서 생기는 오해를 푸는 데 투자해야 할 시간보다는 적을 것이다. 일례로 일본의 도요타는 30만 명이 넘는 사원들이, 공통된 한 장보고 양식으로 보고서를 작성한다고 한다. (종류마다 조금씩 변주하여 사용.) 회의할 때는 보고서 한 장씩만 가져와 3초 만에 의사결정을 한다는 이야기가 있을 정도다. 물론 3초는 과장이겠지만 그만큼 핵심만 담긴 한장 보고서는 빠른 의사결정을 돕는다. 도요타 신입 사원이라면 한 장 보고서를 무조건 배우고, 승진할 때마다 반복해서 배우다 보니 전 사원이 한 장 보고서 작성에 체화되어 있다고 한다. 매우 의미 있는 사례다. 이 책을 핑계 삼아 "우리 이렇게 (각 상황에 맞게 좀 변주해서) 통일하자!"라고 외쳐줄, 필요 이상의 과도한 문서 작업에서 우리를 구해줄 멋진 리더에게 이 책은 꽤 유용한 보고 문서통합 입문서가 될 것이다.

보고가 그렇게 중요한가?

일하면서 가장 억울한 일 중 하나는, 김 대리나 나나 머릿속 생각은 비슷한데, 김 대리가 단지 '보고'를 나보다 잘해서 나은 평가를 받을 때가 아닐까?

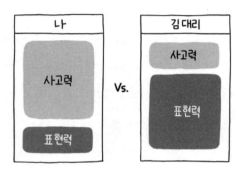

그래서 때론 이 상황을 좀 비하해서 이렇게 말하고 싶기도 하다.

"쟨… 그냥 포장만 잘할 뿐이잖아."

하지만, '포장만'이라고 일축하기엔 다음 3가지의 이유로 보고는 매우 중요하다.

1. 언어

보고는 회사의 언어다. 언어는 얼마나 중요한가? 쉽게 말해, 내가 불어가 안 되면 프랑스에서 프랑스인들과 일을 못 하는 게 당연하다. 즉 언어가 안 되면 사람이 아무리 좋아도 업무에서 좋은 평가를 받을 수 없고 일 자체도 진행될 수 없다. 아무리 똑똑한 사람도 자기 생각을 회사의 언어로 서류화하지 못한다면, 효율적인 전달 능력이 없다면, 업무 능력이 평가절하되는 게 당연하다. 평가절하의 억울함을 풀기 위해서라도 보고 언어를 배우는 것은 필수다.

2. 기반

보고력은 다른 업무의 기반이 된다. 즉 보고는 단순 보고만의 문제가 아니기에 중요하다. '보고력이 있다'는 것은 '생각과 정보를 공유할 수 있는 능력'이 있다는 것이기에 업무 전반에 걸친 문서 작성은 물론 미팅, 발표, 회의 석상 발언, 이메일 공유, 대화, 심지어 부하 직원 지도 능력까지 영향을 미친다. 또한 보고받지 못한 정보들로 인한 손해, 늦은 보고로 인한 손실은 막심하다. 그러니 직급이 올라가 말의 무게가 무거워질수록 정보를 전달하고, 공유하고, 공유받는 능력은 더욱 훈련되어야 할 필수 사항이다.

3. 평가

보고력은 인간성 평가로도 이어진다. 회사에는 2가지 갈등이 있다.

감정 갈등: 아, 저 사람 때문에 못해먹겠네.
과업 갈등: 아, 이 일 못해먹겠네.

기계라면 이 두 갈등을 분명히 구분하겠지만 현실은 그렇지 않다. 과업 갈등이 감정 갈등으로 번지는 것이다. 무슨 말이냐면 보고를 명확하게 하는 사람에 대해서는 "김 대리는 참 깔끔해. 기분이 좋아", "(중간보고 잘하는 김 대리는 나를 존중해.) 예의가 발라", "김 대리는 참 나랑 잘 통하는 것 같아" 등의 평가로 확장된다. 하지만 보고가 명확하지 않으면, 사실 말하는 스타일이 좀 다를 뿐인데 '별로인 사람', '안 통하는 사람', '답답한 사람'이 되는 경우가 있다. 참 억울한 일 아닌가. 사람에 대한 인상을 결정하는 데 단초가 되는 게 보고력이라면 훈련할 가치, 충분하다.

그래서 데일 카네기가 이렇게 말했나보다.

한 사람의 성공은
15%의 기술 지식과
85%의 언어 표현 능력에 달려 있다.
– 데일 카네기

그냥 표현이 안 될 뿐인데, 참으로 억울한 노릇이다. 그렇다고 '이렇게 중요한 일인데 왜 나는 못하나?' 하는 자책은 안 하셔도 된다. 위로가 되고자 몇 마디 전하면, 옛말에 세상에서 정말 어려운 일 2가지가 첫째는 남의 돈을 내 주머니로 옮겨 오는 일, 둘째는 내 머릿속 생각을 남의 머릿속으로 옮기는 일이라고 했다.

보고는 내 머릿속 생각을 남의 머릿속으로 옮기는 일이니 어려운 게 당연하다. 그래서 자주 '못해먹겠다' 싶은 생각이 들지만, 직장인이라면 섣불리 일을 그만둘 수도 없다. 그렇다면 괴로움을 곱씹을 시간에 어떻게 해야 남의 머릿속에 내 생각을 잘 옮길 수 있을지 방법을 찾아 훈련해보는 것이, 야근을 줄이고 정신 건강에도 도움을 주는 차선책이 될 것이다.

보고는 정말 중요하지만 앞서 말했듯 아무도 가르쳐주지 않는다. 정확히는 못 가르쳐준다. 왜냐하면 인간은 너무나 다양해서, 이렇게 하면 누구는 좋아하고 누구는 싫어하는 등, 특별히 정답이 없는 영역이기 때문이다. 그래서 '이렇게만 하시면 됩니다!' 말하기가 너무 어렵다. 그럼에도 불구하고, 정답은 없더라도 '기본기'는 있다. 나 역시 당연히 그 기본기를 모르고 막무가내로 시작했기에 한때는 너무 답답했었다. 예전의 나의 답답함과 짜증을 기억하며 나 같은 사람들에게, 특히 보고를 힘겨워하는 억울한 사람들에게 도움이 되는 보고의 기본기와 실용적 방법론을 공유하려 노력했다.

나는 '한 소심' 해서 누군가에게 뭔가를 물어보는 과정이 무척 어려웠다. 그래서인지 나처럼, 너무나 바빠 보이는 선배에게 차마 자주 물어보는 걸 어려워하거나 물어볼 사람이 아예 없는 이들에게 도움이 되는 입문서 쓰기에 관심이 많다. 이 책이 가르쳐줄 사람도, 배울 때까지 기다려줄 사람도 없는, 보고를 이제 막 시작한 막막한 사람들에게 힘이 되는 보고 입문서가 되길 바란다.

왜 '까이는가'?

왜 '까이는가'?

한 장 보고서는 더 쉽게 '까일' 수 있다. 있는 자료 다 '때려 박아서' 아주 길게 보고서를 만들면, "앗. 말씀하신 그것은 여기에 있습니다" 같은 운 좋게 하나라도 얻어 걸리는 상황이 연출될 수 있지만(물론 상대가 그걸 다 읽는다면), 한 장 보고서는 모든 내용이 한눈에 보이니 더 쉽게 까일 수 있다. 그렇담 뭣 때문에 까이는 거지? 까일 때 자주 등장하는 말을 추려 보면 그 이유를 알 수 있다.

  – **핵심**이 없네: 말은 많은데 핵심 부재.
  – **두서**가 없네: 글만 빽빽하고 구조 부재.

- **소설** 쓰니?: 상상은 풍부하나 팩트 부재.
- 그래서 **어쩌라고**?: 의미는 거창하나 액션 플랜(action plan) 부재.

그렇다. 상사가 원하는 이 4가지가 없어서 까인다. 어떻게 해야 하나? 좀 더 자세히 살펴보자.

핵심이 없네

핵심이 없다는 말은 무슨 말인가? "문제의 핵심이 뭐냐? 그래서 제안의 핵심이 뭐냐? 그걸 짧게 말해봐"란 뜻이다.

$$\text{핵심이 뭐야?} = \left(\substack{\text{문제의 핵심} \\ \text{뭐가 문제야?}} + \substack{\text{제안의 핵심} \\ \text{그래서 뭐 하자는 거야?}} \right) + \substack{\text{결론부터} \\ \text{짧게 말해봐}}$$

짧은 질문이지만, 많은 뜻이 담겨 있어 대답하기가 꽤 힘들다. 하지만 한 장 보고서 시대에는 짧게 핵심만 생각할 줄 아는 능력이 더욱 중요하다. 이게 훈련되지 않으면, 한 장으로 줄인다는 명분하에 중요한 내용을 삭제하게 되어, 상사는 "핵심이 없잖아, 다시, 다시, 다시!"를 외치는 무한 반복의 덫에 빠질 수 있다. 따라서 앞으로 이 덫에서 우리를 구해줄 '핵심 파악 기술'에 대해 3가지로 나눠 알아볼 것이다. 그래서 핵심만, 한 장으로, 생각하고 정리하는 기술을 훈련해보자.

두서가 없네

핵심을 파악했더라도 그걸 상대방이 알아듣게 말하는 건 또 다른 문제다. 똑같은 말도 어떤 순서로 이야기하는지 어떤 맥락으로 이야기하는지에 따라 전달도가 달라지기 때문이다. 우선 긴 글보다 구조화된 글이 쉽게 보인다. 즉 말의 구조가 보여야 사람들이 쉽게 주목한다. 상대방이 보기 쉬운 한 장으로 만드는 구조화 기술을 훈련해보자.

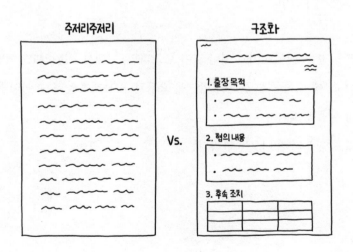

소설 쓰니?

소설은 훌륭한 문학 장르지만, 직장에서 요구되는 장르는 아니다. 소설은 작가의 상상을 기반으로 하지만, 보고서는 철저히 팩트 기반이다. 그래서 기름기 쫙쫙 뺀 담백미가 요구된다. 소설은 1분 동안 느낀 감정에 대해서도 유려한 문장으로 10장 가득 채울 수 있지만, 보고는 10장에 기록할 것도 한 장으로 정리해야 하는 일당백 역할의 담백한 보고용 문장력이 필요하다. 그래서 이 책에서는 전달력 높은 쉬운 보고 문장 만들기 방법에 대해서도 알아볼 것이다.

그래서 어쩌라고?

결국 일을 '진행'시키기 위한 것이 보고라면, 그래서 '어쩌라고? 어떻게 하라고?'에 대한 액션 플랜이 반드시 요구된다. 사례들을 통해 어떻게 쓰는지 살펴볼 것이다.

또 이외에 자주 나오는 한마디는?

그림이 안 그려져

긴 글을 한 장으로 도식화하는 능력이 필요하다. 이는 나의 다른 책에서 다룬 내용이라 중복되어 이 책에서는 생략한다.

정리하면, 이 책에서는 한 장 보고서를 쓸 때 필요한 역량 3가지, 즉 핵심만 요약할 수 있는 핵심 파악 방법, 복잡한 생각을 잘 보이게 구조화하는 방법, 그리고 짧고 명확한 문장으로 쓰는 방법, 즉, 핵심, 구조, 문장 3가지를 중점적으로 알아보려 한다. 또한 업무 현장에서는 1~2장의 짧은 보고서를 모두 '한 장 보고서(OPR: One Page Report)'라고 통칭하기에, 이 책에서도 필요에 따라 1장 혹은 2장의 분량으로 정리했음을 알린다.

핵심 요약

① 핵심만 뭘 줄이지?

원스턴 처칠은 부하에게 늘 다음처럼 말했다고 한다.

"자료가 많아도 한번에 알 수 있도록 문서 한 장으로 정리해주게."

얼마나 당황스러운지. 이 많은 자료 중 무엇들을 추린단 말인가? 수많은 내용들 중 핵심만 파악하는 것, 정보화 시대에 우리에게 매일 요구되는 과제다.

수많은 보고 자료도 결국 단 하나의 결정을 위한 것이다. 그렇기에 목적을 알면 당연히 핵심을 쓸 수 있다. '결국 내가 보고해야 하는 말이 뭔가'를 알아야 그에 부합하지 않은 내용을 잘라낼 수 있기 때문이다. 다양한 보고서가 존재하지만, 결국 상사에게 해야 할 말은 크게 다음 3가지로 분류된다.

1. ○○래. 〔상황 보고〕

2. ○○해줘. 〔요청 보고〕

3. ○○하자. 〔제안 보고〕

물론 보고서 세부로 들어가면, 상황에 따라 이 3가지가 같이, 또는 따로 쓰이는데, 우선 이해를 돕기 위해 구분해서 설명하고 뒤에 유형별로 자세히 알아보자.

상사가 자주 묻는 질문 _ 1. "무슨 일이야?"

해야 할 대답은 "○○래."

○○래 =
– 이런 이슈/ 요청/ 결과/ 문제/ 논의/ 조사 결과… 등이 있었어요.
– 이렇게 진행/ 구입/ 미팅/ 재협의… 등을 하기로 했어요.

상황 보고에서 중요한 포인트는 정확한 정보 전달이다. 그야말로 정확, 신속을 위한 무(無)기교의 기교가 필요하다. 이걸 실행하자면 내 말투가 다음과 같이 바뀔 때가 있다.

"캬캬, 어제 정말 엄청난 멋진 일이 있었어요."

Vs.

"어제 기획팀 25명이 참석해서 저녁 7시부터 9시까지

'한 장 보고서 작성 팁 7가지'를 배웠습니다."

"강의 평가 점수는 9.6 나왔습니다."

무기교의 기교는 누군가 감정을 표현하느라 정보 전달을 시작하지도 못할 때, 육하원칙에 입각한 담백한 정보 전달을 완료하도록 도와준다.

상사가 자주 묻는 질문 _ 2. "내가 뭘 해주면 돼?"

해야 할 대답은 "○○해줘"다.

　○○해줘 =

　- 샘플 x개 추가 구매 결재해주세요.

　- A인지 B인지 의견을 주세요.

　- 예산 초과를 허락해주세요.

이 요청 보고에서는 상사가 보고 듣고 결국 해줘야 하는 게 뭔지 알아

야 실행이 가능하므로 결국 "이걸 해줘" 식의 명확한 액션 플랜 정보가 중요하다. 왜냐하면 실컷 듣고 있어도 '결국 나보고 어쩌라는 건지' 감이 안 잡히게 이야기하는 사람이 많기 때문이다.

"이런 거 하면 좋을 것 같아요."

Vs.

"업무 실행을 위해 3주 내 샘플 추가 구매 허가해주세요."

명확한 액션 플랜 말하기를 훈련하면, 대화 후 상대방 머릿속에 해야 할 일이 깔끔하게 정리되기 때문에 일 진행이 빨라진다.

상사가 자주 묻는 질문 _ 3. "어떻게 할지 한번 생각해봐"

여기에 해야 할 대답은? "○○하자."

○○하자 =

- '문제가 이거니까 이렇게 해봅시다/ 이런 건 어떨까요?'를 정리하면 된다.

이 제안 보고의 포인트는? 제안이 납득되게끔 우선 문제를 잘 정리하고 이해시키는 것이다.

왜 해야 하는지가 납득이 돼야 제안으로 넘어갈 수 있기 때문이다. 그리고 명확한 제안과 액션 플랜까지 전달해야 한다. 물론 '어차피 내가 의견 내도 네 맘대로 할 거잖아' 혹은 '내가 제안하면 다 내 일 되잖아'의 반복되는 상황에, 의도적으로 단순히 정보 전달만 하는 메신저 맨(messenger man)이 되길 자처하는 이들도 많다. 하지만 기획 내공을 쌓고자 한다면 제안 보고력은 훈련해야 할 필수 역량이라 생각한다.

정리하면, 목적이 명확해야 써야 할 말이 분명해져 글이 산으로 가는 걸 방지한다. 그러니 보고를 하기 전, '결국 해야 할 말이 뭔가?'라고 목적을 상기한 후, 그 말의 목적과 무관한 말들을 잘라내자.

그리고 상대방이 "한마디로 말해봐"라고 했을 때, 단순히 짧게 줄이는 게 대수가 아니라 목적에 맞는 답 한마디를 만들고 있나를 생각하며 줄여야 한다.

결론 한 문장 요약하기

1. [상황 보고] 결론 한 문장 = 상대방 질문에 대한 '답' 한 문장

2. [요청 보고] 결론 한 문장 = '요청' 한 문장

3. [제안 보고] 결론 한 문장 = '너의 [문제]를 위한 나의 [제안]' 한 문장

1. [상황 보고] ○○래

예시: 『기획의 정석』 200쇄 출고 완료 (2018. 12. 25.)

포인트: 어떤 상황인지 상사의 이해를 돕는 명확한 정보 전달

2. [요청 보고] ○○해줘

예시: 1주 내 『기획의 정석』 100권 추가 구매 요청

포인트: 상대방이 읽고 바로 실행하도록 명확한 액션 플랜 전달

3. [제안 보고] ○○하자

예시: 사업자 영업 강화를 위한 '1인 1제안서 쓰기' 과정 제안

포인트: 상대방 납득을 위한 문제 공감, 실행을 위한 명확한 액션 플랜

② **핵심 요약 기술**: 3가지 핵심 파악 질문법

많은 사람이 핵심 요약을 어려워한다. 그 이유는 내 입장과 상대방 입장에서의 핵심의 정의가 다르기 때문이다. 내 입장에서 핵심은 내가 말하고 싶은 것의 중심 부분이지만, 상대방은 그게 궁금한 것이 아니라 그저 자신의 질문에 대한 답을 빨리 짧게 듣길 바란다. 즉 상대방 입장에서 핵심은 자신이 궁금한 것에 대한 답이다. 이게 없을 때 상대방은 "핵심이 없네"라고 말한다. 그래서 상대방 질문으로 핵심 정리하는 방법을 공유한다. 기획스쿨에서 개발한 '핵심 요약의 기술: 3가지 질문 프로그램®'이다.

1. 결론 정리 질문: What first

   So what? → Why so?   → How?

   결론이 뭐야? → 근거가 뭐야? → 어쩌라고?

2. 요점 정리 질문: 2What

What? → So what?

뭐?   → 그게 뭔 소린데?

3. 제안 정리 질문: 3W

Why? → Why so? → What?

왜?   → 그게 왜? → 그래서 뭐?

이 3가지 질문을 습관화하면 아무리 긴 글도 긴 말도, 핵심만 요약하는 게 수월해진다. 정리되지 않은 말은 상대를 질리게 한다. 그 경험이 쌓이면, 그 사람 생각만 해도 '아, 지겨워…'라는 지친 느낌이 든다. 얼마나 유감인가. 그에 반해 그냥 생각만 해도 아주 명쾌하고 깔끔한 사람도 있다. 원한다면 예시를 보며 이해하고 적용해보자.

1. 결론 정리 질문: What first

실컷 말했는데 "그래서 결국, 말하고자 하는 게 뭐야?"라는 답을 듣거나 혹은 한참 말하는 중에 "됐고, 결론이 뭐야?"란 질문을 많이 듣는 사람, 내가 이야기하면 할수록 상대방의 표정이 복잡해지고 굳어져서 마음

결론/ 요점/ 제안 정리 질문

1. **결론 정리 질문: What first**

   So what?　　→ Why so?　　→ How?

   결론이 뭐야? → 근거가 뭐야? → 어쩌라고?

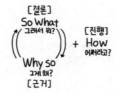

2. **요점 정리 질문: 2What**

   What? → So what?

   뭐?　　→ 그게 뭔 소린데?

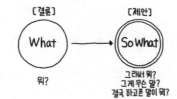

3. **제안 정리 질문: 3W**

   Why? → Why so? → What?

   왜?　　→ 그게 왜?　→ 그래서 뭐?

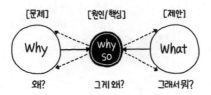

이 어려운 사람들에게 도움이 되는 질문법, 무조건 'What First'다.

한마디로 'So What? 결론이 뭐야?'부터 묻고 시작하는 거다.

그리고 'Why so? 근거는 뭐야?'를 묻는 거다.

'So what? ↔ Why so?'는 맥킨지 질문법으로 유명하다. "뭐? 그게 왜?" 혹은 "왜? 그래서 뭐?"를 반복해서 물으며 핵심을 정리해가는 것이다.

그런데 보고는 결국 실행이 필수적이기에 "그래서 어떻게 할 것인지 (How)?"를 추가해서 정리해야 한다.

정리하면,

So What? 결론이 뭐야?

Why so? 근거가 뭐야?

How? 어쩌라고?

기본 형태는 위와 같고, 보고 상황에 따라 용어나 의미가 조금씩 변주된다. 쉽게 이해하기 위해 찌질한 전 남친의 감수성을 잘 표현해서 폭발적 공감대를 얻은 윤종신의 노래, 「좋니」의 가사를 보며 이 질문법의 강점과 사용법을 알아보자.

좋니

- 윤종신

이제 괜찮니 너무 힘들었잖아

우리 그 마무리가 고작 이별뿐인 건데

우린 참 어려웠어

잘 지낸다고 전해 들었어 가끔

벌써 참 좋은 사람

만나 잘 지내고 있어

굳이 내게 전하더라

잘했어 넌 못 참았을 거야

그 허전함을 견뎌내기엔

좋으니 사랑해서 사랑을 시작할 때

네가 얼마나 예쁜지 모르지

그 모습을 아직도 못 잊어

헤어나지 못해

네 소식 들린 날은 더

좋으니 그 사람 솔직히 견디기 버거워

네가 조금 더 힘들면 좋겠어

진짜 조금 내 십 분의 일만이라도

아프다 행복해줘

억울한가봐 나만 힘든 것 같아

나만 무너진 건가

고작 사랑 한번 따위 나만 유난 떠는 건지

복잡해 분명 행복 바랐어

이렇게 빨리 보고 싶을 줄

좋으니 사랑해서 사랑을 시작할 때

네가 얼마나 예쁜지 모르지

그 모습을 아직도 못 잊어

헤어나지 못해

네 소식 들린 날은 더

좋으니 그 사람 솔직히 견디기 버거워

너도 조금 더 힘들면 좋겠어

진짜 조금 내 십 분의 일만이라도

아프다 행복해줘

혹시 잠시라도 내가 떠오르면

걔 잘 지내 물어봐줘

잘 지내라고 답할걸 모두 다

내가 잘 사는 줄 다 아니까

그 알량한 자존심 때문에

너무 잘 사는 척

후련한 척 살아가

좋아 정말 좋으니

딱 잊기 좋은 추억 정도니

난 딱 알맞게 사랑하지 못한

뒤끝 있는 너의 예전 남자친구일 뿐

스쳤던 그저 그런 사랑

일부러 가장 극단적인 예시를 들었다. 길고 긴, 감성적인 글. 새벽 2시에 쓴 것 같은 전 남친의 글. 물론 이 가사는 원래의 목적으론 너무나 훌륭하다. 하지만 당연히 보고용은 아니다. 문제는 회사에서 이렇게 감성적으로 길게 늘어뜨리는 말투로 보고하거나 보고서 쓰는 사람도 많다는 것. (나도 그랬다.) 그래서 이렇게 말이 늘어질 때 '**So what? → Why so? → How?' 질문법으로 핵심을 파악해서 정리하는 게 필요하다.**

같이 해보자. 이 글에서 결국 하고 싶은 말이 뭔지 찾아보자.

그래서 뭐? So what?

너도 조금 더 힘들면 좋겠어. (나의 십 분의 일만이라도.)

라고 이야기한다.

왜냐하면? Why so?

억울한가봐 나만 힘든 것 같아,

라고 이야기한다.

그래서 어쩌라고? How?

혹시 잠시라도 내가 떠오르면

걘 잘 지내 물어봐줘,

를 요청한다.

    1. 결론: 좀 더 힘들어하기 바람. (나의 십 분의 일.)

    2. 근거: 나만 힘든 게 억울.

    3. 진행(요청): 나 잘 지내는지 물어봐주기 바람.

이렇게 단 3줄로 핵심이 요약된다. 회사에서 썼다면, 일 진행을 위해 기한(언제까지)을 써야 한다.

사실 긴 글을, 긴 말을, 긴 감정을 요약하려면 막막하다. 하지만 질문에 답하다 보면 정리가 좀 수월하다. 요즘은 이메일 보고도 많으니 이메일 버전으로도 생각해보자.

이메일을 앞의 가사처럼 길게 썼다고 생각해보자. 안 본다. 안 읽힌다. 하지만 'So what? → Why so? → How?'가 훈련된 사람이라면, 다음처럼 쓸 것이다.

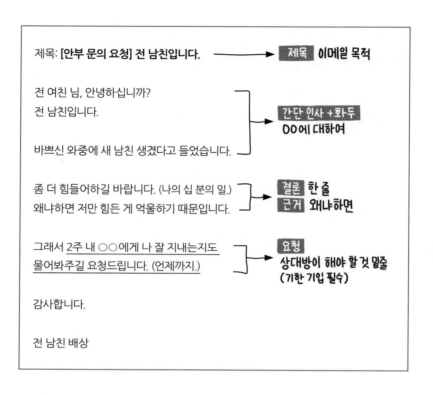

제목: [안부 문의 요청] 전 남친입니다. ──→ 제목 **이메일 목적**

전 여친 님, 안녕하십니까?
전 남친입니다.

바쁘신 와중에 새 남친 생겼다고 들었습니다. ──→ 간단 인사 +화두
○○에 대하여

좀 더 힘들어하길 바랍니다. (나의 십 분의 일.) ──→ 결론 **한 줄**
왜냐하면 저만 힘든 게 억울하기 때문입니다. 근거 **왜냐하면**

그래서 <u>2주 내</u> ○○에게 나 잘 지내는지도 요청
물어봐주길 요청드립니다. (언제까지.) ──→ **상대방이 해야 할 것 밑줄**
(기한 기입 필수)

감사합니다.

전 남친 배상

구구절절 새벽 2시 옛 연인 말투로 쓰던 보고서를 바꿔보자. 평소에 "그래서 결국 뭘 말하고 싶은 거야?(결국 뭘 요청하는 거야? 결국 내가 듣고 해야 할 게 뭐야?)"라는 말을 많이 듣는다면 이 훈련의 효용이 높을 것이다.

요즘은 초 단위 영상을 시청하는 시대라 긴 이야기, 못 보고 못 듣는다. 발표 집중력도 갈수록 떨어진다. (발표가 조금 늘어지면 바로 휴대폰행.) 하품 나오는 발표를 안 하려면 대놓고 이 구조로 말하는 거다.

"오늘 오신 분들, '결국 결론이 뭐야?', '근거가 뭔데?', '그래서 어떻게 하면 돼?' 이 3가지가 궁금하실 것 같아서 그에 따라 간략하게 정리하였습니다. 먼저 결론부터 보시겠습니다."

듣는 사람 입장에서 얼마나 시원시원할까. 시간을 끌면서 결론을 뒤에 이야기하면 상대가 더 설득될 것 같지만, 결론을 먼저 말해버리면 오히려 역으로 그 이유가 궁금해지는 경우가 많다.

정리하면 보고서에서는 이 질문들이,

〔결론〕 결론부터 말하면 A를 하자, 입니다.
〔근거〕 이유는 3가지입니다.
〔요청〕 그래서 A를 위해 ○○를 허락해주십시오.

라고 요약된다.

때로는 정량적인 근거가 없는 경우 정성적인 사례가 근거로 사용되기도 한다.

〔결론〕 결론부터 말하면 A를 하자, 입니다.
〔사례〕 B, C, D의 사례를 보시면 이해가 되실 겁니다.
〔요청〕 그래서 A를 위해 ○○를 허락해주십시오.

이렇게 정리될 수 있다.

만약 협력사랑 미팅을 하고 돌아왔다고 가정해보자. 윗사람이 묻는다. "그 회사랑 만난 거 어떻게 됐어? 정리해서 보고해." 뭐라고 정리해서 보고할지 막막할 때 묻자. So what? 그 회사랑 만난 거 어떻게 됐어? → Why so? 왜 그렇게 됐어? → How? 앞으로 어떻게?

① 결론: S건 진행 보류.

② 근거/ 세부 내용:

    a. 견적 우위로 자사 선택(C사 대비 90%)했으나, 일정 변경 요청.

    b. 일정이 맞으면 진행하기로 협의.

③ 요청/ 진행

    a. S건 세부 진행 계획서 작성 후 미팅(2주 내).

    b. 팀 내 일정 변경 관련 회의 요청.

'결론부터' 이야기하는 방법을 살펴보았지만, 만약 상대방의 질문/ 화두에 시간을 두고 보고할 때는 다짜고짜 "○○하려 합니다" 하고 결론부터 이야기하기보다, "그때 말씀하신 ○○건 말인데요"라고 당연히 그 질문을 상기시키는 화두를 던진 뒤 동일한 흐름으로 연결하면 된다.

〔상대방의 질문/ 화두〕○○라고 말씀하신 ○○ 건 말인데요.

〔결론〕○○하려 합니다.

〔근거〕찾아보니 A, B, C라서

〔진행〕괜찮으시면 이렇게 진행할까 합니다.

결론 정리 질문 What First

So what? 결론이 뭐야?
Why so? 근거가 뭐야?
How? 어쩌라고?
→ 무조건 결론부터

〔결론〕So what?
〔근거/ 사례〕Why so?
〔진행/ 요청/ 대책〕How?

물으면서 정리하기

결론부터 이야기하는 게 중요하지만, 그 결론이 빛나려면 근거를 이야기하는 것 또한 그 못지않게 중요하다. 어떤 제안을 듣든, 본능적으로 "왜?"가 궁금하기 때문이다. 혹 '나는' 안 궁금해도 회사에서는 늘 '왜 그런 의사결정을 했는지'에 대한 합리적인 보고가 필요하기 때문이다. 그래서 늘 결론 정리 후, 왜 이렇게 하는지를 생각하는 걸 습관화하길 추천한다. 왜 이 돈을 써야 하는지, 왜 이 멤버여야 하는지, 왜 저것보다 이것이어야 하는지 등.

2. 요점 정리 질문: 2What

What? → So what?

뭐?   → 그래서 뭐?

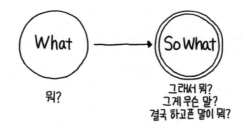

내가 말을 하고 있지만 나도 이게 무슨 말인지 모르겠을 때, 상대방이 길게 이야기했는데 무슨 말인지 못 알아들을 때, 장황하게 말했으나 요

점이 없을 때. 이런 경우들을 방지하고 결국 요점이 뭔지 요약해주는 질문법이 'What? → So what?'이다.

남편과 내가 좋아하는 기타리스트 김도균이 TV 프로그램 「라디오스타」에 나왔는데, 보다가 같이 '빵 터졌던' 적이 있다. "집이 아직도 부자세요?"라고 김희철이 김도균에게 물었다. 그러자 그가 대답한다. "뭐 꼭 그런 건 아닙니다… 이렇게 뭐 그러거나 그런 건 아니고, 인제 이렇게 조금 이렇게 그러한 여러 가지 얘기들을 하는 가운데서 뭐 고렇게 이제…."

한참 듣던 김구라가 말한다. "그게 무슨 말이에요?" 그러자 김도균이 당황하며 멋쩍은 웃음과 함께 "큰 부자는 아닙니다"라고 답한다.

남편과 나는 이 장면을 보면서 정말 많이 웃었다. 그의 말투가 예전에 내가 말하던 스타일과 비슷했기 때문이다. 김도균은, 아마도 부자지만 네가 생각하는 만큼의 부자는 아닐 수도 있어, 혹은 부자지만 그걸 그렇다고 이야기하긴 곤란해 등의 복합적 심정을 밝히고 싶었던 듯한데, 설명하다 보니 말이 길어진 것이다.

나 또한 인생이 딱딱 떨어지지 않으니 '그렇기도 하지만 그렇지 않기도 해'란 생각에 머릿속에 복잡해지면, 나조차도 무슨 말을 하는지 모르는 상황에 놓인다. 그래서 늘 길어진 내 말을 듣고 있던 남편이 묻는다. "그게 뭔 소리고?" 그러면 내가 푸하하하 웃으며 "아, 결국 이런 말을 하고 싶었어"라고 정리하곤 했다. 이런 상황이 계속되다 보니 "지금 내가 하고픈 말은 결국 이거야"라고 정리하는 습관이 생겼는데, 그냥 나오는 대로 말하지 않고, 요점을 정리해서 말하는 게 훈련된 셈이다.

남편과 나는 인간적으로는 김도균 팬이지만, 내가 그의 상사라면 힘들 것 같다. 늘 "그게 무슨 말이에요?"를 물어야 하니까. 그리고 말한 사람도 얼마나 힘 빠지겠나. 말을 했는데 그게 무슨 말이냐고 되물으니까. 그러니 스스로 물으며 정리해보자.

뭐?　　→ 그게 무슨 말이야?

What? → So what?

특히 상황 보고에 유효하다. 이게 훈련되어 있지 않으면 상황만 장황하게 나열하게 된다. 듣는 사람 입장에서는 '그래서 어쩌라고?' 하는 생각만 든다. 그래서 2What을 통해 '상황이 이러니 결국 뭘 해야 한다'라고 정리해야 한다. 예를 들면,

어떤 상황? → 그래서 뭐 하라고?

What?　　→ So what?

이런 식으로 묻고 정리하는 것이다.

'2What'의 쉬운 개념 이해를 위해 소방차의 「어젯밤 이야기」 가사를 보며 이야기해보자.

어젯밤 이야기

                  - 소방차

어젯밤에 난 네가 미워졌어

어젯밤에 난 네가 싫어졌어

빙글빙글 돌아가는

불빛들을 바라보며

나 혼자 가슴 아팠어

내 친구들이 너의 손을 잡고 춤출 때마다

괴로워하던 나의 모습을 왜 못 보았니

어젯밤 파티는 너무도 외로웠지

이 세상을 다 준대도 바꿀 수가 없는 넌데

너는 그걸 왜 모르니

어젯밤에 난 네가 미워졌어

어젯밤에 난 네가 싫어졌어

쉴 새 없는 음악 소리

끝나기를 기다리며

나 혼자 우울했었지

이렇게 긴 글을 보며 묻는 것이다.

뭐?
어젯밤에 난 네가 미워졌어.

그래서 뭐? 어쩌라고?
너는 그걸(내 마음을) 왜 모르니.
= 내 마음 좀 알아줘.

이는 이렇게 정리할 수 있다.

　〔현상〕 어젯밤에 나 네가 미워짐.
　〔요청〕 내 마음 좀 알아주기 바람. (보고라면, '언제까지'인지도 써야 한다.)

What? → So what?
　미워진 것은 현상이고 그래서 어떻게 해달라는 건지 요점을 요청해야 내 신세한탄으로 끝나지 않고, 실행으로 이어지는 보고가 된다.
　너무도 달달한 자이언티의 「꺼내 먹어요」 가사로 한 번 더 연습해보자.

꺼내 먹어요

        - 자이언티

안녕 쉽지 않죠 바쁘죠

왜 이렇게까지

해야 하나 싶죠

바라는 게

더럽게 많죠

(그렇죠)

쉬고 싶죠

시끄럽죠

다 성가시죠

집에 가고 싶죠

(집에 있는데도)

집에 가고 싶을 거야

그럴 땐 이 노래를

초콜릿처럼 꺼내 먹어요

피곤해도 아침 점심 밥 좀 챙겨 먹어요

그러면 이따 내가 칭찬해줄게요

최고 달달한 가사다. 어떻게 이렇게 쓸까 싶을 정도로 엄청나다. 보고
용으로 감히 바꿔보면, 우선 쭉 길게 늘어지는 말을 정리해야 한다. 결국
뭐에 대해 이야기하고 있나?

뭐? What?
힘든 상황들.

정리해야 하니까 몇 개인지 헤아려보자.
8개.

그래서 그때 어쩌라는 것인가? So what?
그 상황에서 이 노래를 꺼내 먹으라고 한다.

정리하면,

  1. 〔현상〕 아래 8가지의 상황.

      ① 쉽지 않을 때

      ② 바쁠 때

      ③ 회의감 밀려올 때 (왜 이렇게까지 해야 하나?)

      ④ 바라는 게 더럽게 많을 때

⑤ 쉬고 싶을 때

⑥ 시끄러울 때

⑦ 다 성가실 때

⑧ 집에 가고 싶을 때

2. 〔제안〕 이 노래를 꺼내 먹어요.

혹은 8가지가 너무 많다면,

내 마음이 어려운 것(내부적인 요인)과 상황이 어려운 것(외부적인 요인)을

2가지로 나눠,

1. 〔현상〕 아래 2가지의 어려운 상황.

① 마음: 쉽지 않은 맘, 회의감, 지친 맘, 집에 가고픈 맘.

② 상황: 바쁨, 많은 요구, 소음, 성가신 상황.

2. 〔제안〕 이 노래를 꺼내 먹어요. (언제까지.)

로 쓸 수 있다.

나는 가끔 내 말이 길어질 때 전보를 치듯 말을 잘라내는 연습을 한다. 전보를 보내던 시절에는 글자 수대로 돈을 받았다고 한다. 그러니 돈을 아끼기 위해 최대한 짧게 써야 했다. 내가 해외에 있는 누군가에게 갑자기 ○○○이 사망해서 빨리 귀국해달라는 이야기를 전해야 하는 상황이

라고 가정해보자.

평소에 주저리주저리 말하던 습관대로 "아이고, 얼마나 공사다망하신지요. 오늘 날씨가 이렇게 흐린데…"

이러기 시작하면 이게 다 돈이다. 그런 이야기를 하고 있을 때가 아니다. 제발 핵심만! 뭐라고 써야 할까? 질문을 하자.

What?
○○○ 사망.

So what?
이틀 내 귀국 요망.

'○○○ 사망 이틀 내 귀국 요망.' 이렇게 전보를 치면 어떨까?

만약 '○○○ 사망'만 보내면 'So what?'의 해석은 메시지를 받는 사람에 따라 달라질 수 있다. '지금 괜히 귀국했다가 왜 왔냐고 혼날 수도 있으니 가지 말고 지금 이 자리에서 마음으로 추모해야겠다'라고 생각할 수 있는 거다. 사람마다 생각이 다르므로.

이런 상황에서 "아니, 당연히 와야지, 왜 안 왔냐?" 해봤자 소용없다. 결과를 얻으려면 '내가 원하는 결과, 바로 그걸' 말해야 한다. 즉 돌아오기를 원한다면 '귀국 요망'까지 써야 하는 것. 이게 습관이 되면 업무 중

이야기를 할 때도 서로 오해가 줄어들고, 원하는 결과를 얻는 경우가 많아진다.

A에게 "내일 미팅이 있습니다"라고 이야기했는데, 다음 날 회의 때 멀뚱히 앉아 아무 말도 없는 A. "이 건에 대해서 한 장 정리 안 해 오셨나요?" 하니까 "응. 안 해 왔는데? 해 와야 하나? 난 오늘 이야기나 좀 들어보려 그랬지." 이렇게 서로가 생각하는 상식이 다를 수 있다. 그러니,

내일 A건 미팅이 있으니	→	각자 의견 한 장씩 정리해서 오시기 바랍니다.
What?	→	So what?
현상	→	요청

라고 정리해서 말하면 명확하다.

보고할 때도 상사에게 "공장에서 납기를 못 맞춘다고 연락이 왔습니다"라고만 말하면 듣는 입장에서는 "그래서 어쩌라고? 결론이 뭐야?"란 생각이 든다. 그래서,

(결론 1) 공장과 협상을 해달라는 건지,

(결론 2) 자기가 공장에 협상하러 가겠다는 건지,

(결론 3) 고객사에 일정에 여유가 있는지 확인하겠다는 건지.

등등 수많은 해석의 여지가 있다.

이때도 '2What'을 통해 그래서 상사에게 어쩌라는 건지, 혹은 자기가 어쩌겠다는 건지 말해줘야 한다. 결론이 없으면, 그 빈자리에 오해들만 쌓인다.

만약 "요즘 트렌드 좀 보고해줘"라고 요청받았을 때도 요즘 뜨는 트렌드 5가지를 알려주기만 하면 'What'만 있는 거다. '어쩌라고?'란 생각이 든다. 그러니 '2What'을 적용하는 게 좋다.

요즘 뜨는 트렌드 5가지	→	(가능하다면 트렌드 현상을 한마디로 정리 후) 우리에게 적용할 점
What?	→	So what?
현상	→	적용점

가장 힘없는 보고는 현상 나열(What?)만 가득한 보고서다. 요청과 요점이 없어 들리지 않고, 기억되지 않는다. 요청과 요점이 담겨야 진행이 되고 이해가 된다. 그래서 나는 'What?'을 쓰고 'So what?'으로 정리하려고 노력한다. 내 말이 길어진다 싶으면 'So what?' "그래서 결국 내가 하고픈 말은 이거였어"라고 한마디로 정리해주기.

내용 정리 질문 2What

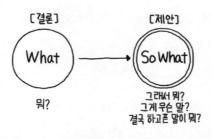

뭐?
그래서 뭐?
→ 요점/ 요청이 있어야 이해가 되고 진행이 된다.

〔결론/ 현상〕 What?
〔요청/ 제안/ 적용점〕 So what?

물으면서 정리하기

3. 제안 정리 질문: 3W

Why? Why so? What?

왜? 그게 왜? 그래서 뭐?

'3W'는 제안 내용을 요약할 때 유용한 질문법이다.

제안은 어렵다. 왜냐하면 상대방 입장에서는 늘 "내가 이 제안을 왜 듣고 있어야 하지?"란 생각이 들기 때문이다. 그래서 다짜고짜 제안부터 하기보다는 네가 왜 들어야 하는지 상대방의 문제부터 이야기해야 조금씩 이해되고 연결될 수 있다.

우루사 광고가 참 좋은 예시다.

우루사 먹어! 제안부터 하지 않는다.

우선, *피곤하지?* 나의 피곤을 알아준다.

그러니 *응… 피곤해죽겠다.* 조금은 연결될 수 있다.

그 피곤, 간 때문이야.

그럼 *아, 그렇구나!* 하지는 않더라도, *아, 진짜? 그런가? 간 때문인가?* 조금 이해하게 된다.

그래서 *간 노폐물을 제거해주는 우루사를 먹어봐,* 한다면 *응. 꼭 그럴게!* 정도는 아니더라도 *아이고, 그거라도 먹어야 하나?* 하는 생각이 들수 있다. 구입까지는 별개의 문제이므로 우선 이 책의 핵심인 '정리' 차원에서 보자면 이 상황은 매우 긍정적이다.

왜냐하면 기억되기 때문이다. 하루에도 수많은 광고를 보지만, 모든 카피를 기억하지는 못한다. 하지만 *아, 피곤해, 뭐 때문일까?*라고 하면 농담으로라도 (꼭 동의하지 않더라도) *"간 때문이야"*라는 말이나 노래가 쉽게 연상된다.

〔문제〕 피곤하지?

〔원인〕 간 때문이야.

〔제안〕 우루사 먹어.

(증명: 우루사의 UDCA가 간 속 노폐물을 배출해주니까.)

쉽고, 명확하다.

우루사가 50여 년 된 약인데 얼마나 하고픈 말이 많을까? 하지만 많이 이야기한다고 많이 기억하는 게 아니라는 것. 그래서 딱 기억할 정보만 잘 정리했다. 너의 문제('엇, 내 이야기네.' 듣는 사람 연결되도록), 문제의 원인('아, 그것 때문인가?' 듣는 사람 이해되도록), 내가 말하고픈 제안('홈, 그래야 하나?' 납득되도록)으로 정리하니 깔끔하게 기억된다.

〔문제〕 왜?

〔원인〕 그게 왜?

〔제안〕 그래서 뭐?

이번에도 긴 가사를 보며 핵심 요약을 연습해보자. 정말 많이 듣고 다들 공감하는 노래, 시인들이 '가장 아름다운 노랫말 1위'로 선정한 이소라의 「바람이 분다」를 '3W'로 정리해보자.

바람이 분다

- 이소라

바람이 분다 서러운 마음에 텅 빈 풍경이 불어온다

머리를 자르고 돌아오는 길에

내내 글썽이던 눈물을 쏟는다

하늘이 젖는다 어두운 거리에 찬 빗방울이 떨어진다

무리를 지으며 따라오는 비는

내게서 먼 것 같아 이미 그친 것 같아

세상은 어제와 같고 시간은 흐르고 있고

나만 혼자 이렇게 달라져 있다

바람에 흩어져버린 허무한 내 소원들은

애타게 사라져간다

바람이 분다 시린 향기 속에 지난 시간을 되돌린다

여름 끝에 선 너의 뒷모습이

차가웠던 것 같아 다 알 것 같아

내게는 소중해했던 잠 못 이루던 날들이

너에겐 지금과 다르지 않았다

사랑은 비극이어라 그대는 내가 아니다

추억은 다르게 적힌다

나의 이별은 잘 가라는 인사도 없이 치러진다

세상은 어제와 같고 시간은 흐르고 있고

나만 혼자 이렇게 달라져 있다

내게는 천금 같았던 추억이 담겨져 있던

머리 위로 바람이 분다

눈물이 흐른다

이런 감수성의 궁극인 가사를 딱딱하게 정리한다는 것 자체가 예의가 아니지만, '3W' 질문을 훈련하기 위해 한번 시도해보자.

　　1. 문제: 비극적 사랑. (헤어지기 싫지만 헤어짐.)

　　2. 원인: 그대는 내가 아니므로. (둘이 서로를 생각하는 사랑의 깊이와 감정
　　　　이 다름.)

　　3. 해결: ?

가사에 해결 방안이 비어 있다. 당연하다. 해결책이 없는 문제이기 때

문이다. 가사로는 너무 훌륭하지만, 회사 일이었다면 빈칸을 채우기 위해 대안을 찾았을 것이다. 프레임의 강점은 그것 자체에 있기보다 그것을 통해 빈칸을 알게 되고, 그 빈칸을 채우기 위해 머리를 굴리게 된다는 데 있다.

나는 이 훈련으로 참 많이 바뀌었다. 감수성이 풍부해서 아침에 노래 하나 잘못 들으면 하루를 망치던 스타일이었고, 뭔가 질문을 받으면 앞의 김도균 예시처럼 의식의 흐름에 따라 길게 말하던 스타일이었다. 그렇지만 회사에서 늘 상사에게 깨지면서 '3W'를 훈련한 결과, 지금은 의식적으로 필요한 핵심 정보만 간략하게 정리, 전달하는 게 많이 늘었다.

연습 하나 더 해보자. 이 또한 많은 사람들이 전주만 나와도 심취해서 부르는 노래다. 김건모의 「사랑이 떠나가네」를 보자. 이만큼 구구절절한 사연도 없으니.

> 사랑이 떠나가네
>> – 김건모

> 사랑이 떠나가네 또다시 내 곁에서
> 이번에 심각했지 마침내 사랑이었어
> 너무 많은 걸 바라지는 않았나

너무 큰 욕심부렸나

너무나 허무해 정말 잘해줬는데
사랑이 무슨 죄길래 너만 사랑했는데
모른 척 버려두지 마 잊을 수가 없는데
왜 나를 떠나가야 해

너만을 원했어 마지막을 꿈꾸며
정말 난 처음이었어 설레는 이 마음
널 사랑했을 뿐인데 내가 그리울 거야
제발 돌아와줘

언제나 내 곁에 네게 하고 싶은 말
이제는 제발 눈을 떠 진실한 내 사랑에
너만을 바라보면서 기다리고 있잖아
혼자선 자신이 없어

그 말이 생각 나 신은 죽었다고 한
그래도 나는 기도해 너를 내게 달라고
너무나 깊은 슬픔에 그댄 어디 갔는지

제발 날 지켜줘

도대체 몇 번째야 사랑이 떠나간 게
다시 난 사랑하며 슬픔을 잊어갔지만
이번은 달라 너를 잊을 순 없어
너만은 내게 달라고

그토록 기도했는데
사랑은 모두 끝났어

캬, 참 슬픈 가사다. 그리고 멋진 가사다. 어쩜 이렇게 심장 입장에서 절절히 써놓으셨는지. 다시 한 번 냉철하게 보고용으로 정리해보자.

문제가 뭐야?
사랑이 떠나가네⋯.

또 왜?
너무 많은 걸 바라지는 않았나.
너무 큰 욕심부렸나.

가사를 봐서는 너무 많은 걸 바라서 힘들어진 연인이 떠난 것 같다고 유추할 수 있다.

그래서 뭐?

(많은 걸 바라지 않을 테니) 제발 돌아오기만 해달라고 요청하고 있다.
정리하면,

1. 문제: 이별.
2. 원인: 너무 많은 걸 바람.
3. 제안: (다른 건 안 바랄 테니) 돌아오기 바람.

물론 이건 가사상의 정리다. 누군가는, 헤어지는 이유에 대해 다른 건 다 뻥이고, 그냥 '사랑하지 않아서'가 전부라고 말하니 이렇게 정리할 수도 있다.

1. 문제: 이별.
2. 원인: 사랑 無.
3. 제안: ?

사랑하지 않으니 뭔가를 제안할 수도 없다. 여기서 우리가 알 수 있는 건 2가지다.

첫째, 아무리 맞다 해도, 대체 불가능, 통제 불가능한, 즉 해결할 수 없는 원인은 제안으로 연결될 수 없으니 보고서에 못 적을 때도 많다는 것. 대처가 가능한 제2의 원인을 찾아야 한다.

둘째, 같은 사안이라도 각자 전혀 다른 내용으로 정리할 수 있다는 것. 그러니 본질적 문제와 원인을 제대로 파악해서 제안할 수 있도록 지속적인 훈련을 통해 통찰력을 키워야 한다.

끝없는 수다도 '3W'로 정리될 수 있을까? 요즘 나는 육아 초기를 겪고 있는데 토를 많이 하는 아기 때문에 정말 마음이 아프다. 이 상황을 친구에게 토로한다고 생각해보자.

"아, 정말 힘들었던 건 아기가 토하는 거. 분유 먹다가도 토하고, 먹고 나서도 토하고…. 아기들은 장이 우리랑 다르게 일자여서 스스로 소화하기 힘들다고 하니 등을 두드려서 트림을 나오게 해야 하거든. 근데 트림을 했는데도 토한 적이 있어. 그걸 보는데 마음이 너무 아픈 거야.
어제는 아기가 잠도 엄청 뒤척뒤척하더라고. 푹 못 자고 찡찡거리더니 그러다가 또 토했잖아. 속이 안 좋은 건지 대체 자다가 토하는 건 왜 그런 건지. 왜 이렇게 잠을 못 자는 건지, 휴우. (여태까지 신세 한탄이 이렇게 길게 이

어졌다. 더 길 때도 많다.) 그래서 알아보니까 (이제야 본론이 좀 나오기 시작한다.) 아기들이 장이 발달하지 못해서 그렇더라고. 속이 불편하니까 자꾸 토하고, 속이 불편하니까 잠도 못 자고, 속이 불편하니까 그렇게 운 건가봐. 토하는 건 속이 불편해서겠지만, 잠도 못 자고 계속 이유 없이 울어대는 것도 속이 불편해서 그런 건지 몰랐어. 어떤 사람은 신생아 육아의 90%는 미숙한 장과의 싸움이라고 하더라고. 트림을 잘하게 해야 덜 게워내고, 안 울고, 깊게 잠들고 그런가봐. 그래서 트림하는 걸 한 번만 돕는 게 아니라 10~20분 정도 넉넉히 시도하면서 도우라고 하더라고. 대부분은 한 번 시도하고 그만두거든. 그리고 대부분 분유 다 먹인 다음에 트림 나오게 한다고 생각하는데, 찾아보니까 중간중간 트림을 유도하라고 하더라. 아 그리고 너무 힘든 게⋯ 먹다가 아기들이 쉽게 잠들거든. 잠들었다고 트림 안 하게 하면 안 돼. 근데 힘든 게 잠든 아기는 트림 나오게 하기도 쉽지 않아. 그래서 찾아보니까 잠들었을 때는 엄마가 일어나서 좀 걸어 다니면서 트림하게 하면 수월하다더라."

어휴, 이 길고 긴 투정 어찌 할까. 이게 뭔 소리야? '말하고자 하는 게 뭔데?'라고 질문받기 전에 '3W'로 정리해보자. (그리고 부디 보고 때는 이렇게 말하지 말자고 스스로 다짐한다.)

1. 문제: 잦은 토, 얕은 잠, 원인 모를 울음.

2. 원인: 아기의 미숙한 장 때문.

불편한 속 때문에 잦은 토 → 깊게 잠 못 듦 → 속 불편해 칭얼거리는 악
순환

3. 해결: 미숙한 장의 소화를 돕는 충분한 트림 3가지.

① [10분 이상] 최소 10분 이상 토닥여주며 소화 돕기.

② [중간 트림] 중간중간 트림 유도하며 먹이기.

③ [워킹 트림] 아기가 잠들었을 때 걸으며 트림 유도하기.

예시를 통해 보았듯 '3W'가 머릿속에 있는 자와 없는 자는 말과 글이
다를 수밖에 없다. 길면 안 읽히지만, '3W'가 훈련된 자의 보고와 보고서
는 읽힐 가능성이 높다. 읽혀야 승진도, 성과도 가능한 것 아닌가?

그래서 셰익스피어가 말했나보다.

운을 망치고 싶지 않다면 말을 다듬어라!

- 셰익스피어

그래서 보고서에는,

왜? Why?

그게 왜? Why so?

그래서 뭐? What?

를 기본 맥락으로,

〔문제〕 이런 문제 있잖아.
〔원인〕 사실 이것 때문이야.
〔제안〕 그래서 이렇게 하자.

라고 정리할 수 있다. 현황들에서 문제를 찾아 제안을 하는 경우에는 이렇게 변주된다.

〔현황〕 지금 이런 상황이잖아.
〔문제〕 여기엔 사실 이런 문제가 있어.
〔제안〕 그래서 이렇게 하자.

혹은

〔문제〕 지금 이런 일들 있잖아.
〔핵심〕 이 문제/ 현상들의 핵심은 이거야.
〔제안〕 그래서 이걸 제안해.

혹은 무난하게는 이렇게 정리할 수도 있다.

〔보고 배경/ 보고 목적/ 검토 배경〕 요즘 이런 이슈 있었지/ 요즘 A부서로부터/ B클라이언트로부터 이런 요청이 있었지/ 요즘 이런 지시를 받았지.
〔현황/ 문제〕 그래서 살펴보니 지금 이런 상황/ 문제야.
〔과제/ 대책/ 검토(안)〕 그래서 이걸 제안하려 해.

'Why?' 부분은 〔연결〕로 기억하면 더 쉽다. 쉽게 친구를 만나자마자 "야! 너 B해!"라고 말하면 "뭔 소리야?" 하는 게 당연하잖은가? "지난번에 우리 A에 대해 말했었잖아.(보고 배경)" "응, 그거 왜?" "내가 생각해보니 이래서(현황/ 문제) B하는 게 좋을 것 같아.(검토안)" 이런 수순으로 가는 게 당연하다. 즉 다짜고짜 내 의견이 아닌 상대가 내 보고를 왜 들어야 하는지에 대해 "이런 요청/ 지시 있었잖아.(보고 배경/ 목적)" 혹은 "우리 이런 이슈 있었잖아.(검토 배경)"를 말해줘야 상대방과 연결되는 것이다.

연결이 잘되었다면 상대방이 물을 것이다. 아 맞아, 그래서 뭐? 어떻게 해? 그럼 〔과제/ 대책/ 검토(안)〕을 말하는 것이다.

예를 들어, 내가 E회사로부터 "이런 니즈가 있어요"란 요청을 받는다면 다짜고짜 우리 회사의 무엇을 제안하는 보고서를 쓰기보다는,

〔연결〕을 생각해서

〔검토 배경〕 너 이런 니즈 말했잖아. 상대방이 말한 니즈를 요약해서 보여주고,

〔현황/ 문제〕 네가 말한 니즈를 보니 네가 힘든 부분이 이거 같아/ 네가 원하는 게 이거인 것 같아.

〔제안〕 그래서 그 문제를 해결하기 위해/ 원하는 걸 충족시키기 위해 내가 가진 이걸 제안해.

〔진행〕 세부 진행은 이렇게.

문제가 하나의 원인으로 모아지지 않거나 정리될 수 없는 경우에는 각각의 문제에 대한 해결 방안이 필요하므로,

1. 문제

   (1) 문제 1

   (2) 문제 2

   (3) 문제 3

2. 검토(안)

   (1) 제안 1

   (2) 제안 2

   (3) 제안 3

이런 식으로, 문제의 수와 제안의 수(순서도 맞춰서)를 하나하나 쓰는 경우도 있다.

또한 명확한 원인 파악이 어려운 상황에는 추정된 원인에 따라 아래와 같이 정리할 수 있다.

〔문제〕 지금 이런 문제들이 있잖아.

〔추정 원인 A, B, C〕 추정되는 원인은 이런 게 있으니,

〔플랜 A, B, C〕 이렇게 대응/ 대처하는 방법들이 있어. (장단 비교 및 추천 플랜)

노벨 의학상을 받은 피터 도허티 교수는 말했다.

"과학을 연구하려면 글을 쓸 줄 알아야 한다. 글을 잘 쓰는 사람은 생각도 명확해 연구를 더 잘한다."

과학 대신 자기 분야 '○○'을 넣고, 연구 대신 '업무 실행'을 넣어도 동일하지 않을까?

"○○을 연구(실행)하려면 글을 쓸 줄 알아야 한다. 글을 잘 쓰는 사람은 생각도 명확해 연구(실행)를 더 잘한다."

보고서가 쉬워야 하는 이유는, 실행을 하기 위해서다. 말이 쉬워야 일이 된다. 못 알아들으면 실행 못 한다. 뭘 알아야 하지. 실행 못 하면 그 멋진 문장들이 무슨 소용인가. 그래서 나 또한 매번 이 훈련을 하면서 정

리하려 노력한다. "왜? 그게 왜? 그래서 뭐?"

 지금까지 핵심 내용을 파악하고 정리하는 3가지 질문에 대해 살펴보았다. 요즘 10대들이 많이 쓰는 말 중에 '설명충'이란 게 있다. 정말 슬픈 단어인데 '너무 지루하게 설명하는 사람'을 이르는 말이다. 그래도 사람에게 '충'을 붙이는 건 참 너무하다 싶은데, 나 또한 일할 때만큼은 스스로 이 단어를 종종 기억하려 노력한다. 내가 나의 말에 취해서 상대방이 듣기 싫은 필요 이상의, 지루한 내용을 끝도 없이 이야기하고 있지는 않은지. 남이 나에게 그렇게 하는 게 싫다면, 나도 안 하는 게 맞다. 장황하고 지루한 말의 인플레이션을 끝내고프다면 3가지 질문 요약, 연습 많이 해보시라. 이 훈련으로 우리의 보고서를 '씹어 먹으면', 깔끔한 맛이 났으면.

제안 정리 질문 3W

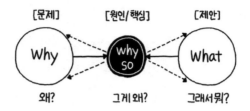

[문제]　　　[원인/핵심]　　　[제안]
Why　　　why so　　　What
왜?　　　그게 왜?　　　그래서 뭐?

〔문제〕 why?
〔원인〕 why so?
〔제안〕 what?

〔현상〕 why?
〔문제〕 why so?
〔제안〕 what?

〔현상〕 why?
〔핵심〕 why so?
〔제안〕 what?

물으면서 정리하기

구조 정리

① 구조는 어떻게 잡지?

앞에서 핵심 내용을 요약하는 질문법 3가지를 배웠다. 이번에는 그 핵심 내용을 어떤 구조로 전달해야 할지 이야기해보려 한다. 우선 전제는 당연히 글줄보다 구조화된 글은 훨씬 쉽게 눈에 들어온다는 것.

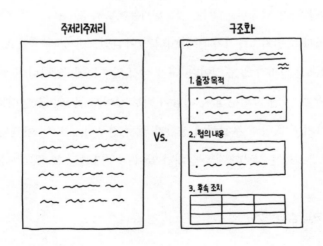

우선 '보고'가 무엇인지 알아야 구조도 목적에 맞게 잡을 수 있으니, 보고의 정의부터 살펴보자.

보고

(명사) 일에 관한 내용이나 결과를 말이나 글로 알림.

보고란?

1. 무엇을? 일에 관한 내용이나 결과를,

2. 어떻게? 말이나 글로,

3. 왜? 알리려고.

보고의 목적은? 정확히 '알림'이라고 쓰여 있다. (일에 관한 정보 알림도 있지만, 현실에서는 '일을 하고 있다'는 것을 알리는 것도 꽤 중요하다.) 그렇다면 '보고'의 성과는 뭔가? 목적이 '알림'이니 알아들었으면 성과가 있고, 못 알아들었으면 성과가 없는 것이다. 내가 실컷 말했는데, '앞사람이 못 알아들었다? 나는 잘 말했는데, 상대방이 바보 같아서 못 알아들었다?'의 경우는 나의 똑똑함과 무관하게 성과가 없는 경우다. 그러니 어쨌든 내가 똑똑하게 보이는 것보다 결국 상대가 알아듣게 말하는 게 중요하다.

보고의 성과: 알림.

그럼 무엇을 알아듣게 해야 하나?

알림 < **네가 궁금한 것을 (o)**
네가 궁금하지 않은 것을 (×)

당연히 '내가 쓰고 싶은 것', '내가 아는 것'이 아니라 '네가 궁금한 것을' 알려야 한다. 그래서 보고의 구조는 네(상사, 피보고자)가 궁금한 것을 네가 알고 싶은 순서대로 쓰는 것을 말한다. 너무나 당연하다.

보고의 구조 = 네가 궁금한 것을 네가 알고 싶은 순서대로 쓰는 것

상대방이 이해를 못 했다면 "뭔 소리야?"부터 질문할 것이다. "뭔 소리야?"를 물었는데, "아니, 우선 왜 그런지부터 들어봐" 하는 순간 안 듣게 된다. 내가 궁금한 게 아니니까. 그래서 상대방도 내 이야기를 못 듣고 "됐고"라고 끊고, 자기가 궁금한 걸 묻는다. 즉 저절로 이해되는 구조란 상대방이 생각하는 구조고 그 구조는 상대방의 질문으로 나온다. 그래서 '질문 = 구조 = 보고의 목차'가 된다.

자꾸 상대방이 궁금한 것을 이야기하니 하나 체크해봐야 할 게 있다. 내가 궁금한 것 Vs. 네가 궁금한 것, 둘이 그렇게나 다를까? 결론부터 말하면 그렇게나 다른 경우가 많다. 예를 들어, 윗사람이 『기획의 정석』 책

을 읽은 사람이라

『기획의 정석』 교육할지 말지 검토해

라고 지시했다고 치자.

지시를 받고 나면 어디서부터 보고서를 써야 할지 막막하다. 그럼 습관적으로 (특히나 모든 것을 검색으로 배우는 게 자연스러운 젊은 사람이라면 더더욱) 자기 자리에 가서 검색부터 한다.

– 우선 『기획의 정석』을 검색해본다.

'아, 이런 책이 있구나. 이런 교육이 있구나'를 알게 된다.

– 검색하다 다른 길로 새서 다른 교육들도 검색해본다.

'아, 이런 다른 교육도 있구나. 오 저런 것도 있네?'

– 여기서 공부 좀 하신 분들, 혹은 페이퍼워크(paperwork) 좋아하시는 분들은 여태 찾아낸 기획 교육들의 방법론들을 비교 분석하며 유형별 표를 만들기도 한다. 만들다 보면 막 심취해서 왜 만드는지는 잊고 만드는 거 자체에 빠져 재미를 느낄 때도 있다.

– 다시 정신 차린 후, '교육을 해봐도 좋겠다'란 생각이 든다.

– 그러면 어떻게 해야 할지 컨택 포인트를 살펴본다.

– 그리고 한번… 컨택해보는 것도 괜찮겠다고 '생각'한다.

이제 보고서를 쓰기 시작한다. 그럼 대개 자기가 일한 순서대로 쓸 가능성이 높다. 검색해서 알게 된, 기획에 대한 대서사시 혹은 기획에 대한 논문이 시작되는 순간이다.

1. 기획이란?
2. 기획 교육의 방법론. (유형별 정리)
3. 기획 교육의 필요성.
4. 컨택 포인트.

이 정도면 괜찮겠다고 생각하고 상사에게 보고서를 가져가면 어떨까? 첫입을 떼자마자

"야! 누가 기획이 뭔지 알고 싶대? #)@)#_!_#@)#_!@_#"

자, 호흡을 가다듬고 감정을 빼고 생각해보자. 윗사람이 궁금한 것은 무엇이었나? 그의 말(질문)을 다시 살펴보면 단초가 보인다.

『기획의 정석』 교육할지 말지 검토해

그가 궁금한 것? '할지 말지'다.

이걸 좀 더 풀어 말하면, "내가 다 검색하고 알아보며 할지 말지 판단하기 힘들고 시간도 없으니, 나 대신 네가 알아보고 합리적으로 판단해 봐"이다.

그럼 그의 질문은 뭔가?

됐고,

하라고? 말라고? 어쩌라고?

그럼 나는 우선 그것에 답해야 한다.

해야 합니다.

그럼 보고서에 우선 '1. 기획이란 무엇인가?'가 아닌, 『기획의 정석』교육하자!'의 뜻을 담아 이것부터 써야 한다.

1. 『기획의 정석』 교육 요청 건

그럼 돈을 써야 하는/ 혹은 윗사람의 윗사람에게 또 보고해야 하는 그가 묻는다.

왜?

그럼 나는 답한다.

제안서가 영업의 핵심인데 우리 직원들 80%가 제안서 쓰는 거 힘들다고 하잖아요.

그리고 보고서에 이렇게 쓴다.

2. 교육의 당위성

〔설문 결과〕직원 80%, 영업의 핵심인 제안서 작성에 어려움 토로 → 제안서 작성 '실습' 교육 원함

그럼 또 그가 묻는다.

진짜 그래?

실제 제가 찾아보니 그 강사가 가르치는 내용이 우리 직원들이 어려워하는 내용이랑 딱 맞더라고요.

3-1. 직원들이 어려워하는 내용과 강의 내용 연결 〔표〕

: 이틀간 제안서 작성 6단계 논리 학습 후, 1인 1제안서 작성 → 발표 → 코칭까지 진행

혹은 이렇게 답한다.

실제 제가 찾아보니 그 강사가 우리 회사랑 비슷한 업종인 ○○, ○○, ○○에서 강의를 진행했는데, 만족도가 모두 4.5 이상이더라고요.

3-2. 강사 신뢰도

그가 마지막으로 묻는다.

그래서 어쩌라고?

제가 컨택해보니 (이미 컨택해봄)
다음 달 중순에 강의가 가능하다고 하니
결재해주시면 언제, 얼마 예산으로 진행할까 합니다.

4. 진행 개요 (육하원칙 혹은 비용, 일정, 담당)

다음 그림을 살펴보자.

『기획의 정석』 교육할지 말지 검토해서 보고해

내가 일한 순서대로   Vs.   네가 듣고픈 순서대로

우선 『기획의 정석』 검색

1. 기획이란?
2. 기획교육의 방법론 (유형별 정리)
3. 기획 교육의 필요성
4. 콘택트 해보려함
5. 이러저러 → 해보는 것이…

해? 말어?
1. 『기획의 정석』 교육 요청 건

왜?
2. 교육의 [당위성]
직원 80% 제안서 작성에 어려워 교육요청

진짜 그래?
3-1. 실제 도움되는 내용 [사례]
3-2. 강사 신뢰도

어쩌라고?
4. 진행 개요

내가 일한 순서대로 쓰는 것(내가 쓰고 싶은 대로 쓰는 것)과 네가 듣고픈 순서대로 쓰는 것은 이렇게나 다르다. 전자를 듣고 있으면, '내가 이걸 왜 듣고 있지?' 싶다. 후자는 '그래, 내가 궁금한 게 바로 그거야. 그래서 어쩌면 돼?' 자기 마음을 알아주는 목차에 우선 마음이 시원해지고, 마음의 문을 열고 그다음 대답을 듣게 된다.

왼쪽에 숨겨진 속마음은 '나 이것에 대해 이렇게나 열심히 알아보고 정리해봤어' 혹은 '나 이렇게나 많이 알아'다. 하지만 돌아오는 대답은 '안물안궁'이다. 요즘 10대들이 많이 쓰는 말인데 '안 물어봤고, 안 궁금하다'는 것이다. 관심 없는 이야기를 너무 길게 장황하게 하면 요즘 아이들은 "안물안궁!"이라고 답한다. 나는 보고서 구조 짤 때 '안물안궁'을 기억하려고 노력한다. 냉정하게 생각해보면 아무리 열심히 써도 '안물안궁'이면 무의미하다.

보고서가 '알림'을 기반으로 결국 '일을 진행'하는 것이 최종 목표라면, 오른쪽은 결국 네가 궁금한 것에 대한 대답은 이것이고(궁금한 것에 대한 정보 전달), 추진할 거면 이렇게(추진 방안) 하면 된다고 알려줌으로써 바로 실행 가능하도록 정리해둔 것이다.

나 이렇게 열심히 알아보고 **생각**해봤어. Vs. 이렇게 **진행**하면 돼.

전자에서 머문 보고와 후자까지 명확한 보고는 일의 진행 속도가 다를 수밖에 없다. 열심히 한 거 몰라준다고 속상해하기보다, 일을 진행하는 데 집중하는 편이 나를 위해서 좋다. 보고서 작성을 위해 상대방의 질문을 목차로 바꾸면 이렇게 정리될 수 있다.

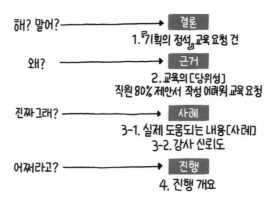

여기엔 앞서 배운 결론 '정리 질문: 결론, 근거(정량적 근거 + 정성적 사례), 계획'이 기반이 되었다. 이렇게 핵심 질문과 상사의 질문을 합쳐서 구조를 짜면 된다. 결국 이미 설명한 대로 '결론 = 요청(결국 하고자 하는 말) = 제목'이 되었다. 이런 식의 정리는 제목만 읽어도 결국 뭘 하자는 것이 명쾌하다. 기본 틀은 이렇게 정리된다.

검토 보고

『기획의 정석』 교육 요청 건

2020. 2. 23.
○○부 ○○○

1. 교육의 당위성

2. 교육 성공 사례

3. 강사 경력 및 만족도 평가

4. 진행(강의 대상, 일시, 장소, 예산, 교육 시간표)

읽기 좋은 보고서의 구조

좋은 보고서의 구조란?
저절로 이해되는 구조 = 상대방이 궁금한 의식의 흐름대로
보고서의 목차 = 상대방의 질문

최악의 구조?
'안물안궁' 구조

피보고자의 질문 듣기

'보고의 목차 = 너의 질문'임을 인정한다면 소중한 나의 노동력을 아끼기 위해서 우리는 상사의 질문을 좀 더 섬세하게 들을 필요가 있다. 듣기 싫어서 한 귀로 듣고 한 귀로 흘리는 경우가 많은데, 다시 말하지만 나 자신을 위해 들어야 한다. 예시를 보며 이해해보자.

『기획의 정석』교육 같은 거…좀 검토해서 보고해

라고 상사가 말했을 때
대충 듣고,

『기획의 정석』?
이미 알고 있지 뭐.

라고 생각한 후 보고서를 쓴다면,

『기획의 정석』 교육 관련 내용 보고
1. 교육 내용

2. 강사

3. 비용

4. 진행

...

이런 식으로 쓸 수는 있지만, 상대가 진짜 원하는 것은 아니다.

"아니, 내가 언제 『기획의 정석』으로 교육하자고 했냐? 『기획의 정석』 교육 같은 거 좀 알아보랬잖아!"라는 반응이 올 수 있다. 그러게, 다시 그의 말을 좀 더 세심히 살펴보자.

『기획의 정석』 교육 같은 거 … 좀 검토해서 보고해

이 사람이 궁금한 건 뭔가?

『기획의 정석』 교육 같은 것….

이걸 좀 더 풀어 말하면, "기획의 정석 '같은' 교육이 필요한데, 우선 나는 『기획의 정석』을 아는데, 첫째, 이것이 최선인지 확신이 없고, 둘째, 내가 다 알아보고 비교 분석할 시간이 없으니 네가 다른 것과 비교해서, 셋째, 이게 최선인지, 아니면 뭐가 최선인지 알려줘"란 뜻이다.

그럼 우선 상대방이 궁금해하는,

○○ 같은 것을 보여줘야 한다. 이렇게 장단을 비교하거나,

	핵심 교육 내용	장점	단점
『기획의 정석』			
B 과정			
C 과정			

원하는 수업의 핵심 요소 3가지(아웃풋 여부, 비용, 수업 형태) 항목에 맞춰 보여줄 수도 있다.

	아웃풋	비용	수업 형태
『기획의 정석』			
B 과정			
C 과정			

물론 상사가 궁금해한 『기획의 정석』과 비슷한 것들… 장단점 비교하며 보여주고, "끝" 하면 안 되고 'What? → So what?'을 정리해줘야 하니,

그래서 뭐?

상사가 물으면 내가 추천하는 안을 말해야 한다.

　　교육 과정 검토의 건: 『기획의 정석』 과정 진행 추천.

상사가 다시,

　　왜?

라고 물으면, 비교 우위(추천 근거)를 말한다.
"○○ 조건에서 ○○가 우수하여 추천" 같은 형식으로.
　즉 타 과정 대비 고비용 소모되나, 결과물 감안 시 우위라고 판단, 혹
은 특별히 우수하기보다 각각의 강점들이 다 다른 경우에는
　"○○ 목표 고려 시 ○○가 더 적합."
이런 식으로 목표에 부합하는 비교 우위로 정리할 수도 있다.

　　그래서 어쩌라고?

진행을 한다면 언제, 얼마의 예산으로 진행하겠다고 이야기하면 된다.
다음과 같이 정리해볼 수 있다.

Ex. 『기획의 정석』교육 같은 거… 좀 검토해서 보고해

확정된 결론   vs.   대안 제시

『기획의 정석』교육 관련 내용 보고

1. 교육 내용
2. 강사
3. 비용
4. 진행
   …

1. ○○ 같은 거… 좀 찾아봤어?

교육 업체 비교

구분	수업 내용	장점	단점
『기획의 정석』			
B과정			
C과정			

2. 그래서 뭐? / 왜?
제안 / 근거

3. 그래서 어쩌라고?
진행 계획 (육하원칙 or 일정, 예산, 담당)

그리고 보고서를 정리할 때는 결론부터 말해야 하니 순서를 조금 조정해서,

- 네가 정리하라고 했던 거. (제목)

- 그래서 결국 하자고 하는 거. (결론)

- 왜냐하면 이런 면에서 좋아서. (근거)

  진짜 그런지 비교표 보여줄게.

- 그래서 네가 오케이해서 진행한다면 이렇게 할게. (진행 계획(안))

이런 순서로 재조정해서 작성하면 된다. 기본 틀을 보면 다음과 같다.

검토 보고

기획력 교육 대안 검토 건

2020. 2. 23.
○○부 ○○○

1. 결론 및 근거

- 결론
- 근거

2. 타 업체 비교 우위

구분	수업 내용	장점	단점
『기획의 정석』			
B과정			
C과정			

3. 진행 계획(안)

- 대상
- 일시
- 장소
- 시간

※ 특이 사항

또 가장 해맑은 경우가 "『기획의 정석』 같은 거 알아보라고요? B요!" 하면서 예시 하나만 가져오는 경우다.

"제가 알아본 건 B, 이건데요"

이렇게 자신이 알아본 게 '베스트'인 것처럼 가져오는 것. 이게 왜 베스트인가? 베스트인 거 알려주려면 어떻게 해야 하나? 무조건, 팩트 비교가 있어야 합리적으로 납득된다.

A, B 비교했을 때 B가 타사 대비 x%가 싸서.

혹은,

보시는 것처럼 B가 비싸지만 아웃풋 효율이 좋아서.

혹은,

보시는 것처럼 B가 비싸지만 3년 뒤를 생각하면 오히려 장기적으로 할인 받아 y% 싸서.

정답을 이야기하라는 게 아니다. 최소한 '근거(팩트)에 의거한' 최선의 의견을 말하는 게 중요하다. 상대방 입장에서 근거를 들어보니 정답은 아니래도 적어도 합리적 판단이구나 느낄 수 있게끔 말이다.

하나만 더 연습해보자.

『기획의 정석』교육 어떻게 할지 알아보고 보고해

라고 요청받았다면,

여기서 궁금한 것(핵심 질문)은 무엇인가?

『기획의 정석』 교육 어떻게 할지 알아보고 보고해 [궁금한 거]

'어떻게?'다.

질문을 섬세하게 생각하지 않으면, 습관적 논리로 '교육의 목적…'부터 또 대서사시를 쓰게 된다.

하지만 지금 상황은 교육을 하자고 설득할 필요 없는, 이미 하기로 한 상황이니, 다시 이걸 왜 해야 하는지 끌어낼 필요 없이 '어떻게 진행하면 되겠냐'는 질문에 답하면 되는 것이다.

상대방이 궁금해할 것들을 생각해보자.

교육을 어떻게?

=

언제?

어디서?

누구 대상으로?

몇 시간?

어떤 내용으로?

강사(왜 이 강사)?

비용?

상대방의 질문을 써보고 목차로 정리하면,

『기획의 정석』교육 어떻게 할지 검토해

언제?	1. 교육 개요
어디서?	일시
누구 대상으로?	장소
몇 시간?	대상
	시간

어떤 내용으로?	2. 커리큘럼
강사(왜 이 강사)?	3. 강사 소개
비용?	4. 예산

보고서 기본 틀은 이렇게 정리된다. 이렇게 'Why?'와 'What?' 부분에 대해 이미 협의가 되었고, 확정이 끝난 경우는 'How?'만 정리해도 되는 경우가 있다.

상황 보고

기획력 교육 진행보고

2020. 2. 23.
○○부 ○○○

1. 교육 개요
· 대상
· 일시
· 장소
· 시간
※ 특이 사항

2. 커리큘럼

3. 강사 강점

4. 예산

이런 맥락에서 신입 사원이 회사에 들어오자마자 혹은 이직을 하자마자 일을 잘하는 건 당연히 어렵다고 생각한다. 상사마다 질문이 다를 텐데, 새로운 상사의 질문을 수집할 시간이 필요하기 때문이다. '왜 나는 보고를 못하나?' 자책하기 전에 우선 질문 수집할 시간을 스스로에게 좀 허락하기를.

근데 상사의 질문을 잘 모르겠어요

여기까지 이야기하면 늘 강의에서 나오는 질문이 있다.
"근데… 질문을 잘 모르겠다"이다.
그 이유는 무엇일까?

　안 들어서.

사실 듣기 싫다.
근데 더 큰 문제는,

　안 들린다.

안 들린다고? 이게 무슨 말인가?

인간은 자기가 중요하다고 생각하는 것만 듣기(들리기) 때문이다.

잔소리를 다 듣는가? 잔소리 듣고, '그렇구나! 꼭 그렇게 해야지!' 하는가? 대개 영혼까지 깊이 잠재우고 듣는다. 왜? 중요하다고 생각하지 않으니까. 그래서 안 들린다. 어떤 부분에 대해서 내가 전혀 중요하다고 생각하지 않으면 아무리 말해도 안 들린다.

진짜 그런가? 제일기획 다닐 때, 프로젝트가 있을 때마다 팀을 바꿔 일한 경험이 있다. 3년간 A팀 갔다가, B팀 갔다가, C팀 갔다가, 이태원에 있다가, 강남 사무실로 갔다가 자주 이동하며 다양한 팀장들 밑에서 일했다. 그때 흥미로웠던 것은 팀장마다 각기 주목하고 신경 쓰는 지점이 조금씩 달랐다는 것이다.

누군가는 전략에서 문제의 원인 찾기를 엄청 중시했고 ("결국 이걸 찾느냐 못 찾느냐에서 승패가 갈리거든"이라고 말하며)

누군가는 아이디어는 다 거기서 거기라며 실행을 엄청 중시했고 ("결국 일은 납기야. 비슷한 결과물 나오는데, 누가 원하는 기한에 말 잘 듣고 잘 실행해주냐는 거지. 그걸 강조해야 돼"라고 말하며)

누군가는 결국 이것이 무엇인가에 대한 정확한 정의를 중시했고 ("자, 다시 한 번 정리해보자. 이게 무슨 뜻인지. 더 명확하게 설명해야 돼"라고 말하며)

누군가는 "됐고, 예산이 제일 중요해"라고 말했다.

본인이 중시하는 건 엄청 예민하게 피드백했고, 그렇지 않은 부분은 수월하게 넘어가기도 했다. 그래서 초반에 A팀장에게 훈련받은 대로 B팀장에게 갔다가 "아무 내용이 없네?"라는 피드백을 받기도 했다. A팀장은 전략의 원인을 매우 중시해서 그것에 대해 깊이 있게 쓰는 것을 중요시했는데, B팀장은 전략에는 관심 없고 세부 실행을 엄청 챙기는 식이었기 때문이다.

서로 중시하는 게 다르면 이런 일은 자주 일어날 수 있다.

쉽게 말해 상사가,

이거 왜 그런 거냐?

라고 물었을 때,

아니, '왜'를 지금 왜 물어봐. 그거 생각할 시간에 빨리 어떻게 할지 계획 세워서 진행해야지. 사람 참 답답하네.

라고 아랫사람이 생각한다면, '왜'에 대한 대답은 안 하거나 건성으로, 또는 형식적으로 하게 되기 마련이다. 왜냐면 중요하다고 생각하지 않으니까.

그러면 '왜' 하는지가 궁금했고, 그에 대해 집중적으로 정리된 보고서를 기대한 상사는 실행 계획만 가득한 보고서를 받으며 "계획만 있고, '왜' 해야 하는지에 대한 논리가 하나도 없잖아!"라며 크게 실망하게 되는 것이다. 이건 보고서를 못 써서가 아니라 서로 중시하고 원하는 내용이 다르기 때문이다.

혹은 상사가,

결국 어떻게 하겠다는 건지 말해봐.

라고 물었을 때,

*(한숨) 네? (속마음: 아니, **문제**가 뭔지도 정의가 안 됐는데 계획을 어찌 짜냐? 문제 정의부터 같이 이야기해봐야지.) 제가 문제를 좀 더 정리해봤는데요.*

아이고. 실행 계획을 가져오는 줄 알았더니, 여태 뭐 했나?

이렇게 진행될 수 있다. 어떻게 할 거냐고 물었지만 관련 대답을 들을 수 없었다. 듣는 사람이 'Why?'를 더 중시하고 있기 때문이다.

대개 사람은 내가 생각하는 부분이 중요하고 다른 건 덜 중요하다고 여긴다. 생각이 그러니 말도 자기가 중시하는 거 위주로 하고 정리한다. 그래서 이런 제목의 글들이 나온다. '결국 중요한 건 [문제 정의]다', 혹은 '결국 중요한 건 [실행]이다.' 그런가? 나는 결재권자에 따라 다르다고 답하고 싶다. 왜냐하면, 서로 중시하는 부분이 같다면 다행이지만, 아니라면 보고 핀트가 달라 완전히 실패하기 때문이다.

그럼 그냥 본질적으로 '네가 읽으라고 쓰는 보고서'니까 당연히 '네가 중시하는 거 위주로' 쓰는 게 맞다. 내가 매우 중요시하는 것을 상대방은 정말 하나도 중요하게 생각하지 않을 수 있고, 내가 완전히 무시하는 부분이지만 상대방은 그걸 듣지 못하면 아직 아무런 보고도 받지 못했다고 생각할 수 있기 때문이다.

보고까지 갈 것도 없다. 입장 바꿔서, 내가 누군가에게 질문했는데 딴소리 길게 하면 얼마나 답답한가. '너는 그게 중요할지 모르지만, 나는 다른 걸 알고 싶은 건데' 말이다. 그 상황 기억해보며 상대에 맞춰서 이야기하는 게 당연하고 또 당연하다.

글을 너무나 잘 쓰는 평론가이자 저자인 신형철이 『정확한 사랑의 실험』(마음산책, 2014)이라는 책에서 이런 이야기를 했다.

「설국열차」를 함께 본 뒤 이 영화를 한 문장으로 요약한다면?

마르크스주의자가 입을 연다.
"기차가 얼음을 뚫고 앞으로 전진하는 이야기더군요."

이어, 신화학자가 반론을 제기한다.

"아니, 기차가 지구를 순환하면서 1년에 1번씩 제자리로 돌아오는 이야기지요."

그러자 프로이트주의자가 말한다.

"글쎄요, 이것은 기차가 절정의 순간에 폭발하는 이야기가 아닙니까?"

동일한 것을 보았지만 이렇게 서로 생각하는 관점, 중시하는 지식에 따라 한마디로 정리하는 보고는 전혀 다르다.

이 사실을 인정한다면, 자기 스타일만 고집하는 것은 효율적이지 않다. 같이 일하니 서로 점검하고 맞춰주는 게 당연하다. 이 책에서 계속 '훈련'이라는 말을 많이 쓰는 이유는, 회사 업무가 사실 엄청난 전문성을 요구하는 경우는 많지 않기 때문이다. 배우고 훈련하면, 처음에는 서툴러도 결국 할 수 있는 영역이 대부분이다. (물론 전문성이 강하게 요구되는 업무도 있다.) 일반적인 사무 업무, 특히 보고는 그렇다. 그래서 사실 보고의 전문성만큼 중요한 것은 '피보고자와 얼마나 잘 통하면서 일하는가'인 것 같다. 상대의 스타일, 주안점들을 파악하는 것 또한 핵심 내공이라고 본다. '혼자서 보고를 잘했다? 홀로 보고 스킬을 연마했다? 내가 끝내주는 보고서로 다 죽여버리겠다?' 등은 말이 안 되는 명제라는 것. 보고의 완성은 피보고자에게 있다는 것을 다시 한 번 강조한다.

그래도 그렇지만, 상대방이 중요시하는 걸 딱! 어찌 아나? 보고의 역

사는 길다. 그래서 일반적으로, 대부분의 사람들은 이런 상황에서 '이걸 궁금해하더라'라는 목차 패턴이 있다. 따라서 다음 챕터에서는 '유형별 보고서 구조 표준안'을 제시하려 한다.

　'아니, 이걸 그냥 처음부터 알려줬어야지!' 싶기도 하겠지만, 기본 원리를 이해 못 하면, 상황/ 상사에 따라 변주를 못 한다. 정답의 영역이 아니라서 응용, 변주를 할 필요가 있기 때문에 앞선 설명들이 필요했다.

② 8가지 유형별 보고서

지금부터 회사에서 사용하는 수많은 보고서를 8가지 형식으로 크게 분류하여 '보고서 구조 표준안'을 제안하려 한다. 이것은 정답이 아니기에 상황에 따라 변형해 사용해야 한다. 만약 이 책을 혼자가 아닌, 팀 단위, 조직 단위로 읽고 있다면, 이 책 내용을 기반으로 팀원이 모여 아래 3가지 단계로 적용시키면 좋겠다.

1. 쓰고 있는 보고서 이름 파악하기

너무 많은 종류의 보고서를 서로 다른 이름으로 쓰고 있지 않은지 정리가 필요하다. 서로 다른 이름은 일 효율을 낮춘다. 중복되는 게 있다면 정리하고 시작하자.

2. 보고서 이름 통일하기

서로 동일한 이름을 붙이면 "A보고서 부탁해" 하고 명확한 요청이 가능해진다. 명확한 요청은 명확한 아웃풋을 유도할 가능성이 높다. 책을 쓰면서 조사해보니, 보고서 이름이 같아도 각 회사마다 작성되길 원하는 내용이 다를 수 있다는 걸 알게 되었다. 이런 점을 생각해서, 'A보고서는 C라는 질문에 답하는 것이다'라고 이름과 의미를 정해두면 서로 편하다.

3. 각 보고서 구조, 용어, 형식 협의해서 정하기

이제 책 내용을 기반으로 각 보고서에 필수적으로 들어갈 구조, 용어, 그리고 형식(폰트 및 색감 등)을 협의해서 정해보자. 통일된 구조는, 보고서의 외형을 생각할 시간에 내면을 고민하게 해줘 일의 질을 높여준다. 형식까지 통일할 필요가 있을까 싶지만, 세계적인 투자 은행 모건스탠리는 엑셀표 작성 규칙을 세세하게 정해서 전 세계 지사가 그 규칙을 따른다고 한다. 같은 형식은 빠른 업무를 돕고, 무엇보다 각기 다른 해석으로 인한 오해를 줄여주기 때문이다.

보고서 구조를 통일한 후 바로 확정 짓기보다는 일정 기간 현업에 적용해본 후, 다음 약속된 날에 '팔로업 세션(follow-up session)'을 열어 실제 적용 시 문제점을 파악하는 시간을 갖고 수정, 보완 후 확정하는 걸 추천한다. "앞으로 무조건 이렇게 하자" 하고 한번에 확정하면, 추후 현실적으로 잘 맞지 않아도 '어쩔 수 없이 그냥 이대로 채워야지 뭐' 같은 본말이

전도되는 경우도 생길 수 있기 때문이다.

보고서 구조는 상사의 우선순위에 따라 크게 다음 2가지 구조로 나뉜다. 첫째는 상사가 관련 건에 대해 배경지식이 없어 **문제와 원인부터 차근차근 이해하며** 듣길 원하는 경우, 둘째는 서로 이미 이야기가 오고 간 상황이라 **본론부터 빨리 이야기하길** 바라는 경우의 흐름이다.

① 문제 이해부터 차근히

상황 ─────────────→ 제안
뭔 일이야?   어쩌라고?

② 결론부터 빨리

결론 ──→ 근거 ──→ 진행
결론부터   왜?   그래서?

상사가 깊이 있는 보고를 요구한 경우, 시간이 넉넉한 경우, 듣는 사람이 많은 발표에서의 경우는 1번이, 1~2분 내 끝나는 보고를 원하는 경우, 상사가 답만 듣기 원하는 경우, 일 대 일로 대면하는 경우는 2번이 적확하다.

이 2가지 구조는 상사의 섬세함에 따라 4개에서 8개 목차까지 나뉠 수 있다. 굵직굵직하게 듣길 원하는 상사인지, 섬세하게 하나하나 짚어가며 듣길 원하는 상사인지에 따라 선택해서 작성하면 된다.

① 문제 이해부터 차근히
2개의 핵심 질문은, 4개의 큰 목차와 8개의 세부 목차로 아래처럼 나눌 수 있다.

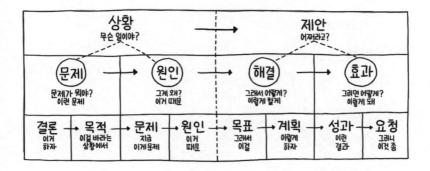

A.

1. 〔상황〕 뭔 일이야? 이런 상황이라.

2. 〔제안〕 어쩌라고? 이렇게 하자.

B.

1. 〔문제〕 어떤 문제? 이런 문제.

2. 〔원인〕 원인은? 이거 때문.

3. 〔해결〕 대책은? 이렇게 하자.

4. 〔효과〕 예측되는 효과는? 이런 결과.

C.

1. 〔결론〕 이거 합시다.

2. 〔목적〕 이걸 바라는 상황에서.

3. 〔문제〕 지금 이런 문제가 있는데.

4. 〔원인〕 이것 때문.

5. 〔목표〕 그래서 이걸 목표로.

6. 〔계획〕 이렇게 합시다.

7. 〔성과〕 예측되는 결과는 이것.

8. 〔요청〕 그러니 이렇게 해주세요.

나는 B를 선호하지만, 모든 상사가 나와 스타일이 같은 건 아니므로 여러 가지 버전을 둔다.

② 결론부터 빨리

3개의 핵심 질문은, 4개의 큰 목차와 7개의 세부 목차로 다음처럼 나눌 수 있다.

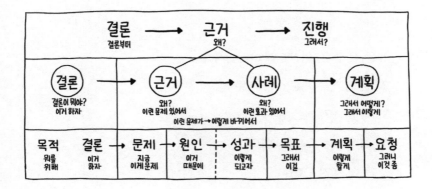

A.

1. 〔결론〕 결론이 뭐야?

2. 〔근거〕 왜?

3. 〔진행〕 어쩌라고?

B.

1. 〔결론〕 결론은 뭐야? 이거 하자.

2. 〔근거〕 왜?

　① 〔문제〕 이런 문제가 있기 때문.

② 〔사례〕 이런 효과가 있기 때문.

①+② 이런 문제가 이런 효과가 있어서.

3. 〔계획〕 그래서 어떻게? 이렇게 하자.

C.

1. 〔목적, 결론〕 이걸 위해 이거 합시다.

2. 〔문제〕 지금 이런 문제가 있는데.

3. 〔원인〕 이것 때문.

4. 〔성과〕 이런 효과를 내고자.

5. 〔목표〕 이걸 목표로.

6. 〔계획〕 이렇게 진행.

7. 〔요청〕 그러니 이렇게 해주세요.

이렇게 나눠진 기본 항목을 실제 보고서 버전으로 정리하면 다음 페이지의 표와 같다. 대부분의 보고서가 이 안에서 크게 바뀌지 않으니 일의 종류, 회사 분위기에 따라 그리고 무엇보다 보고 목적에 따라 변형하여 표준을 정해 쓰시라.

도요타 보고서에서 매우 의미 있다고 생각한 것은 '보고서를 위한 보고서'로 끝나지 않기 위해, 항상 목표에 따른 과제 실행 후, 실행 이전 대비 얼마나 개선되었는지 수치를 비교하고(7. 성과), 그 결과가 미비할 때 원

기본 보고서 항목

상사의 예상 질문	목차	내용
결론부터 말해봐	1. 결론	- 상사 물음에 대한 답 한마디 - 결국 요청할 것 한마디
왜 이걸 하는 거지?	2. 목적/ 검토 배경	일이 산으로 가지 않기 위해 일이 시작된 - 목적/ 배경 확인

지금 어떻길래?
문제는 뭐길래?
	3. 현황/ 문제	어떤 상황인지
		문제는 뭔지 정리
		- 비교 수치(목표 대비, 경쟁사 대비, 시간
		  흐름 대비 등)
		- 외부 변수로 인한 문제 정리(경쟁사 동
		  향, 트렌드 변화, 환경 변화 등)
		- 내부 이슈 정리(사고, 비효율 관련 현장
		  인터뷰 및 설문 결과 등)

그건 왜 그런 거지?	4. 문제/ 원인	상황 속 진짜 문제는 뭔지 문제 속 숨겨진 원인은 뭔지 - 팩트 기반 원인 혹은 추정된 원인
그래서 뭘 한다는 거지?	5. 목표 포함 과제/ 대책/ 제안	무엇을, 언제까지, 어느 범위까지 할지 - 가능하면 도달해야 할 수치를 포함한 목 표와 - 세부 과제/ 대책/ 제안
그래서 어떻게 한다는 거지?	6. 진행 계획	구체적으로 얼마의 비용으로, 누가, 언제까지 진행할지 - 예산, 담당, 일정 등
하면 뭘 얻어?	7. 예상 성과	실행 후 얻게 되는 예상 성과 - 진행 전후 숫자
내가 뭘 해주면 돼?	8. 요청 타 부서 협의 사항	- 상사가 의사결정 해줘야 할 사항 - 상사가 해주길 바라는 사항

인을 파악하여(다시 4. 문제/원인으로 돌아감), 다시 목표를 잡고(5. 목표 포함 과제 설정) 진행한 후 만족한 결과가 나오면 이 방법론을 내부적으로 공유, 정착시킨다는 점이다. 이처럼 전사적으로 통일된 한 장 보고서는 업무 효율을 높인다.

그리고 항상 염두에 둘 것은, '목차는 이래야만 한다!'에 치우치기보다 상사의 질문에 맞췄는가가 본질이라는 것. 다시 정리하면 보고 구조의 핵심은 '일 진행에 **가장 필요한 정보를** 이해하기 **쉬운 순서**로 정리했는가?'이다. 결국 보고를 잘하는 사람은 '말과 글쓰기를 잘하는 사람'이 아닌 일 진행에 필요한 정보를 줘서 '일이 진행되게끔 하는 사람'이기 때문이다.

앞의 질문들을 바탕으로 보고 목적에 따라 8가지 보고서로 분류할 수 있다.

그럼 각 보고서별 구조가 어떻게 변주되는지 함께 살펴보자.

보고 목적에 따른 8가지 보고서 구분

목적(상사가 원하는 것)	보고서 종류
검토해보고 의견 줘 검토 업무 받아 의견 개진	검토 결과 보고서
무슨 일이야? 상황 정보 전달	상황 보고서
뭔 일을 어쩌겠다고? 상황 정보 전달 후 개선 방안 제안	업무 개선 보고서
이 건에 대해 생각 좀 해봐 / 관련 아이디어 좀 줘 의견 제안 및 설득	제안 보고서
어떻게 진행할지 알려줘 실행 세부 공유	계획 보고서(실행 / 행사 보고 등)
출장 어땠어? / 만난 거 어떻게 됐어? 출장 시 성과 알림 / 미팅 후 상황 알림	출장 보고서(컨택 리포트)
회의 중요 내용 좀 요약해줘 회의 내용 전달	회의 보고서
그건 어땠어? 최종 결과 보고	결과 보고서

1. 검토 결과 보고서

검토 결과 보고서에 대한 정의도 내가 인터뷰한 팀장들마다 다 달랐다. 이 책에서는 어떤 건에 대해 상사가 "이 건에 대해 검토해보고 의견 좀 줘"라고 했을 때 나의 의견을 정리하는 보고서라고 정의하고 시작하겠다. 그냥 내 의견 적어내면 되는 보고서인데, 그게 참 어렵다. 하지만 차근차근 원리를 생각하면 해볼 만하다.

검토 결과 보고의 기본 흐름은 무엇인가? 상사는 우선 이런 질문을 던질 수 있을 것이다. "결론이 뭐야?" 즉 관련 자료를 검토해보니 하자는 건지, 말자는 건지 보고서의 결론이 궁금한 것이다. 당신이 결론을 이야기하면, 바로 "왜?"라고 반문할 것이기에 당연히 근거를 준비해야 하고, 근거를 답하면 "진짜 그런가?" 갸우뚱해할 것이기에 사례를 준비한다. 그렇게 납득시킨 후 일을 진행해야 하므로 "그럼 어떻게?"에 답할 계획을 적으면 된다.

목차는 이렇게 구성될 수 있다.

상사의 예상 질문	목차
결론부터 말해봐	결론 (한마디로 의견 정리)
왜 그렇게 해야 돼?	근거
진짜 그래?	사례
그래서 어떻게?	계획

흐름을 생각하다 보면, 검토 보고의 핵심 질문은,

진짜 그래?

라는 걸 알 수 있다. 즉 네가 말한 결론, 혹은 검토해본 그 결론 "진짜 그래?"가 궁금한 거다. 검토해보라고 한 사람은 불안감이 있다. 해야 할지 말아야 할지, 하자니 비용 낭비가 아닌가 싶고, 하지 말자니 좋은 기회 놓치는 거 아닌가 싶고 그 불안감을 잠재울 "응. 이런저런 근거와 사례를 보니 진짜 그래"라는 대답이 필요하다. 그래서 이 보고서에서는 결론에 신뢰를 줄 정확한 숫자가 나온 근거와 사례가 중요하다.

결론, 근거, 사례, 계획은 내가 평소에 정말 많이 연습하는 항목이다. 나도 참 본론부터 말 못 하는 스타일이라서, 간략하게 정리해야 할 때, 머릿속에 의식적으로 '그래서 결론은?'을 스스로 던지고 한마디로 생각하려 노력한다. '결론은 이것'이라고 정리한 후 '왜?'라고 근거를 생각하고, 사례를 생각하고, 어떻게 진행할지 계획표를 정리하는 걸 습관화하고 있다.

물론 상사가 관련 정보가 많이 없는 경우, 이 건에 대해 자주 이야기를 나누지 않은 상태라면 좀 더 친절하게 '검토 배경(왜 검토했는지)'을 넣어줘야 한다.

상사의 예상 질문	목차
그거 왜 했더라?	검토 배경
아, 그거! 결론부터 말해봐	결론 (한마디로 의견 정리)
왜 그렇게 해야 돼?	근거
진짜 그래?	사례
그래서 어떻게?	진행/ 계획

이 목차대로 작성한 예시를 보며 생각해보자.

한때 있는 자료 다 '때려 박는' 기획서가 추앙받던 시절이 있었다. 뭔가 있어 보였기 때문에. 근데, 그 안에 뭐가 있는지 이야기할 수 있는 사람은 정작 작성자밖에 없다. 읽히지 않고, 기억되지 않기 때문이다. 그러니 실행도 할 수 없다. 긴 보고서 읽고 나면 있어 보이긴 하는데, 뭘 실행해야 하는지 몰라서. 심한 경우 "그래서 뭘 하자는 거지요?"라고 질문받았을 때 작성자조차 대답하지 못하기도 한다. 너무 많은 자료를 모아 붙이느라 이미 머리가 지친 탓이다.

긴 기획서/ 보고서 때문에 다들 지쳐서 일이 진행되지 않으니 "우리 할 말 있음 한 장 보고서로 쓰자"라는 의견이 여기저기 생겨났다. 이런 상황에서 본인의 회사도 "한 장 보고서로 다 통일할지 말지 한번 검토해봐"라는 상황을 맞았다고 가정해보자. 이때 검토 보고서를 쓸 경우, 어떻게 하면 좋을지 '한 장 보고서 1'을 살펴보자.

보고 간소화를 위한 '한 장 보고서' 전사 통합 검토건

2018. 02. 26. 그룹전략실 박신영 팀장

1. 결론	2018년 자사 혁신 과제 '사내 보고 간소화'를 위해 **'한 장 보고서' 전사 통합 추진**
2. 근거	긴 보고서의 부작용 3 **1. 불필요한 업무 야기:** 필요 이상으로 화려한 PPT 작성 위한 야근 증가 ([2018 업무 혁신 설문]_야근 이유 1위(64%): PPT 만들기) **2. 업무 비효율성:** 회의 시 PPT 발표에 치중, 토론 및 의사결정 저해 (본말 전도) **3. 비용 낭비:** 연간 5,000만 장 인쇄 용지, 잉크 사용 (작년에 얼마 소요)
3. 사례	**[도요타]** 30만 전 직원 'A3 한 장 보고서' 체득 후 활용 → 회의 진행 시 3초 만에 신속한 의사결정 가능 **[현대카드]** 전사 'PPT 제로' 캠페인 → 비용 ○○○원 절감, 회의 시간 X% 감소 **[아마존] 제프 베조스** 2013년 PPT 사용 금지, 6쪽 분량의 메모 요구
4. 진행	[한 장 보고서 전사 통합] 4단계로 진행

Plan	Do	Check	Action
보고서 종류별 한 장 보고서 표준화 작업	공표 및 전사 통합 실행	적용 후 설문 수정 및 보안	확정 전 사원 내재화
언제까지	언제까지	언제까지	언제까지
담당자	담당자	담당자	담당자

예산: 총 얼마 (세부 내역 첨부)

○○ 위한 ○○ 검토 건

'○○ 위한' 목적 포함해 쓰면 이해하기 쉬움.

날짜, 소속, 이름, 직급

1. 결론	**결론부터 말해봐** 1. 결론 한마디로 정리 (해? 말아? 상사 물음에 결국 어쩌자는 건지 한마디로 대답) 2. 목적을 간략하게 넣어 결론을 쓰면 이해하기 쉬움 (ex. ○○ 추진 → ○○ 위해 ○○ 추진)
2. 근거	**왜 그렇게 해야 돼?** 위 의견에 대한 합리적 근거를 글줄이 아닌 넘버링하여 항목별로 작성 각 항목에 수치, 예시로 증명
3. 사례	**진짜 그래?** 실제 사례를 글줄이 아닌 [누가], 무엇을, 어떻게 해서 → 어떤 결과를 얻었는지 항목별로 나눠 작성
4. 진행	**그래서 어떻게?** 진행 계획을 단계별로 나눠 표로 작성 일정, 담당자, 예산 작성

<table>
<tr><td> </td><td> </td><td> </td><td> </td></tr>
<tr><td> </td><td> </td><td> </td><td> </td></tr>
<tr><td> </td><td> </td><td> </td><td> </td></tr>
<tr><td> </td><td> </td><td> </td><td> </td></tr>
</table>

 |

왼쪽 '한 장 보고서 2'에서는 각 항목별 내용을 어떻게 구성했는지 살펴보자.

'한 장 보고서 1'에 굵게 표시된 부분들이 있다. 그 부분만 읽어도 '아, 결국 이걸 하자는 거고, 이거 때문이고, 이런 3개 사례가 있고…'라고 쉽게 알 수 있도록 한눈에 들어오게 쓰자. 함께 일한 팀장들에게 "원하는 보고서가 뭐냐?"라고 물었을 때 "헤드만 읽어도 이해가 되는 보고서"라는 대답이 참 많았다. 예전에 논술 관련 채점 업무를 하는 분들에 관한 이야기를 들은 적이 있는데, 헤드라인 혹은 소제목만 쭉 봐도 감이 오는 답안지면 일단 통과시키지만, 눈에 전혀 들어오지 않으면(헤드가 눈에 들어오지 않으면) 탈락시킨다는 것이었다. 보고서도 마찬가지다. 굵기 표시 하나 없이 다 똑같은 형태의 긴 글줄로만 작성해놓으면 눈에 전혀 안 들어온다. 핵심은 가시화다. 이를 의식해서 각 항목의 핵심 부분만 절제해서 표시해보자.

예시를 보면 알겠지만 근거 작성 시, 글줄로 작성하기보다 항목별로 나눠 작성하는 게 신뢰도가 높아 보인다. 하나의 근거에 치우친 편협한 의사결정이 아닌 여러 가지 관점에서 살펴본 합리적 의사결정이라는 신뢰를 주기 때문이다.

예를 들어, 어떤 건에 대해 "사업타당성 검토 보고서를 제출하라"라고 요청받을 경우, '이런 관점에서 괜찮다'보다는 A의 측면에서, B의 측면에서, C의 측면에서 등 축을 먼저 세우고 이야기하는 것이 신뢰가 가고 이해하기도 쉽다. 각 측면은 동등한 레벨의 병렬 구조 항목이어야 한다. "이런 사업을 추진하자"라고 듣는다면, '3C(고객, 자사, 경쟁사) 측면에서 좋기 때문, 혹은 3T(트렌드, 타이밍, 타깃) 측면에서 좋기 때문' 같은 식이다. 앞의 '한 장 보고서 1'의 예시는 업무량, 업무 효율, 비용 측면에서 살펴본 것이다. 따라서 근거를 모은 후 가장 합리적으로 보여질 축을 먼저 설정하고 작성할 것.

2. 상황 보고서

이번에는 상황 보고서를 살펴보자.
상황 보고서에서 핵심 질문은 무엇인가?

　뭔 일이여?

그렇다. 도대체 뭔 일이 났는지를 정확하게 알려야 한다.
　무슨 일이 일어났는지를 알리고 나면, 뒤에 이어질 내용은 상황에 따라 다르다. 우선 빠른 상황 전달이 요구되는 경우에는 상황 전달만으로 보고서가 끝나는 경우도 있다. 하지만, 피보고자가 무슨 일인지는 대략 알고 있는데 "그거 누가 몰라? 그래서 왜 그런 일이 일어났냐고?" 하는 질문이 핵심인 상황에서는 그 일이 왜 일어났는지(주요 원인), 그래서 해결책은 뭔지(대처 방안)를 추가해서 써야 한다. 즉 신속성과 정확성 중 어떤 것이 더 중요한 사안이냐에 따라 목차는 달라진다.

신속성이 우선인 경우

상사의 예상 질문	목차
뭔 일인지 빨리 파악해서 알려줘	상황/ 문제
그 일은 왜 일어났지?	(추정된) 원인
그래서 어떻게 하고 있어?	대처한 것

정확성이 우선인 경우

상사의 예상 질문	목차
뭔 일이 있었지?	상황/ 문제
그래, 그거 왜 그런 거였어?	원인
그래서 어떻게 했고? 앞으로는 어쩌냐?	대처 및 전망에 따른 해결 방안
내가 뭐 해주면 되냐?	진행 시 요청 사항

예시를 통해 알아보자. 우선 쉬운 이해를 위해 일상생활 예시로 시작하자. 내가 겪어본 상황을 상황 보고서로 작성한다고 가정하고 살펴보겠다.

어느 날, 내 팔이 안 움직였다. 내 몸인데 내 의지대로 움직일 수 없었다. 목도 너무 심하게 아파서, 앉아 있어도 아프고 누워도 아팠다. 가만히 있어도 아파서 눈물이 주룩주룩 흘렀다. 갑작스러운 상황에 여기저기 병원을 전전하니 나의 거북목 자세 때문에 신경이 눌려서 팔이 움직이지 않는다는 사실을 알게 되었다.

'거북목'이 무엇인지 알고 나의 생활을 되돌아보니, 회사 다니면서 늘 거북목 자세로 기획서를 썼고, 회사 나와서도 늘 거북목 자세로 책을 썼다는 사실을 알게 됐다. 책을 쓰거나 기획서를 작성할 때 성격이 미련(?)해서 한번 책상에 앉으면 여간해서는 움직이지 않았고, 저녁 먹고 앉아 아침까지 쓰는 경우도 태반이었다. 스트레칭도 당연히 시간 아까워서 하지 않았다. 늘 높은 베개를 베야 잠이 왔는데 이 또한 내 목을 거북목으로 만들었다는 걸 알았다. 스마트폰을 할 때도 늘 고개를 숙이고 카톡을 보냈는데 그것도 거북목 자세라고 했다. 힘겨우니 앉은 자세, 선 자세는 더욱 구부정해졌는데 이 또한 거북목 자세였다. 누군가를 만나면 뭔가 수줍으니 가슴을 펴지 못하고 굽실거리는 자세로 있었는데 그 또한 거북목 자세였다. 이렇게 24시간 고개를 숙이고 살았는데, 거북목이 안 되는 게 오히려 이상한 상황이었다.

'거북목이 왜? 이 자세가 왜?'를 찾아보니, 정상적인 목은 머리 무게가 5kg 정도인데, 거북목은 머리 무게가 하중을 받아 20~30kg까지 된다고 했다. 매 순간 30kg을 이고 사는 데, 목이 아프고, 어깨가 결리고, 신경이 눌리는 게 너무나 당연하다는 생각이 들었다.

그렇게 눌린 신경 덕분에 2~3개월간 팔이 안 움직였다. 매일 부지런히 병원 다니고 나서야 팔이 움직이기 시작했고, 그 후 3년 동안 목 교정 치료 과정에 쓴 돈과 시간은 헤아리면 눈물 나서 말 못 하겠다. 그야말로 돈 벌어서 병원에 가져다주고 다시 돈 벌러 갔다. 돈도 돈이지만 너무 아팠다. 목만 아픈 게 아니라 목도 아프고, 어깨가 결리고, 머리도 아팠다. 두통약을 자주 먹다 보니 토할 것 같았다. 일도 삶도 힘들어졌다.

오랜 시간 차곡차곡 쌓인 나쁜 자세로 일어난 일이라 하루아침에 나아지기 참 어려워 지루한 자세 교정 과정을 거쳤다. 목 때문에 정말 고생한 1인으로서 지금은 사람들을 보면 자세부터 보인다. 스마트폰을 많이 하는 요즘은 다들 거북목을 향해 달려가는 듯 보인다. 특히 지하철 타면 다 휴대폰 들여다보느라 거북목 자세로 앉은 이들에 현기증 난다. "여러분, 이러다가 거북목 되거나 목디스크 옵니다! 엄청 아픕니다! 돈도 많이 듭니다"라고 외치고 싶다.

만약 교정하느라 도수 치료를 받는다고 가정해보자. 15만 원씩 일주일에 2회 한다고 치면, 15만 원×2회×52주＝1,560만 원을 날리는 셈이다. (물론 알아보면 패키지 가격도 있고, 보험 혜택도 있더라.) 이런 상황에 대해 상황 보고서를 쓴다고 해보자. "다들 왜 이렇게 아픈 거야? 거북목에 대해서 좀 알아봐!" 요청받을 경우, 앞의 나의 주저리주저리 글이 어떻게 한 장으로 정리될 수 있는지 '한 장 보고서 3'을 살펴보자.

그리고 각 요소들을 어떻게 채워야 할지에 대해서는 더 뒤로 넘겨 '한 장 보고서 4'를 살펴보자.

1년에 1500만 원 날리는 '거북목 증후군' 상황 보고

2020. 02. 23. 경영지원팀 박신영 차장

1. 현황/문제	**1. 거북목 환자 증가:** 5년간 30만 명 급증한 270만 명

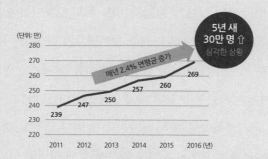

(단위: 만)

5년 새
30만 명 ⇧
심각한 상황

매년 2.4% 연평균 증가

239 (2011) · 247 (2012) · 250 (2013) · 257 (2014) · 260 (2015) · 269 (2016 년)

[표] 출처: 국민건강보험공단 건강보험 빅데이터 분석 결과(2018. 2. 25.)

2. 거북목 치료비 증가 추세: 2016년 진료비 4,412억(연평균 5.8% ↑)
[사례] 박 모 씨 1년 치료비 약 1,500만 원(도수치료 15만 원×주2회×52주)

3. 거북목 연관 질병 증가: 목과 어깨 통증, 만성 두통 및 피로, 팔 마비 등
→ 심한 경우 목디스크로 발전: 목디스크 환자 5년 새 14.3% 증가(193만 명)
출처: 건강보험심사평가원(2016)

2. 원인	스마트폰, 컴퓨터 사용으로 인한 **구부정한 자세 때문**

[각도에 따라 목뼈가 받는 하중]

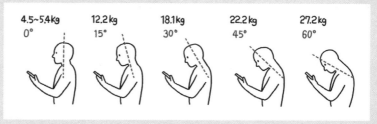

4.5~5.4kg 0°   12.2kg 15°   18.1kg 30°   22.2kg 45°   27.2kg 60°

고개 숙일수록 머리 무게 4~6배 증가 → 근육 경직, 뼈 형태 변형, 신경 눌림

3. 방안	허리 펴고 어깨 펴야 인생 펴집니다 **거북이에서 사람 되기 프로젝트(안)**
4. 세부 방안	**1. 실생활에서 5가지 실행 필요** **(1) 컴퓨터 작업 시** 1) 허리 펴고 어깨 펴고 컴퓨터 작업 → 1시간에 5분씩 어깨 펴고 하늘 보기 2) 모니터 받침대 구입 → 모니터와 눈높이 맞추기 **(2) 스마트폰 시청 시** 1) 눈높이로 스마트폰 들고 시청 2) 30분 시청 후 5분씩 허리 펴고 어깨 펴고 하늘 보기 **(3) 수면 시** 1) 높은 베개는 수면 중 거북목을 만들어 피로 가중 → 낮은 베개 사용 높은 베개 적당한 베개 2) 곡물로 된 어깨 찜질팩으로 수면 중 온열 찜질 **(4) 걷거나 앉아 있을 때** 허리 펴고 어깨 펴고 걷고 앉기 **(5) 상시** 1) 목 돌리기, 어깨 돌리기, 기지개 스트레칭, 하늘 보기 2) 매일 10분 벽에 붙어서 바른 자세 익히기 ※좀 더 알고 싶다면 『백년 목』(정선근, 사이언스북스, 2017) 읽어보기 **2. 예산:** 총 9만 2,500원 (모니터 받침대 3만 원 + 베개 4만 5,000원 + 책 1만 7,500원) **3. 담당:** 자기 자신 **4. 기한:** 일주일 내 구입 완료 후 평생 실천
5. 요청	이 책 읽는 독자님, 지금 당장 어깨 10회 돌리기

＊[각도에 따라 목뼈가 받는 하중] 출처: Hansraj, K. K. 2014 Assessment of stresses in the cervical spine caused by posture and position of the head. Surgical Technology International, 25, 277-9.

제목

'○○에 대한 상황 보고'라고 쓰되, 상황의 심각성/중요도를 알 수 있는 수치 포함해서 쓰기.

날짜, 소속, 이름, 직급

1. 현황/문제	**뭔 일이야?**
	1. ○○ 상황 (명사형 정리)
	  (1) 세부 내용 글줄(×), 넘버링하여 항목별로(○) 구분하여 적기
	  (2) 단순 주장 되지 않도록 근거(수치와 표) 출처와 함께 표기

2. 원인	**그 일은 왜 일어났지?** 1. 원인 한마디 정리 2. 원인이 여러 가지면 넘버링하여 항목별로 구분하여 적기 3. 원인 이해 돕는 그림, 원인 증명 돕는 근거, 레퍼런스 자료 덧붙이기
3. 방안	**어쩌냐?** 1. 목표 포함한 해결 방안 키워드 **한마디로** 정리 2. 원인이 여러 가지면, 원인 넘버링 순서에 맞춰 각각의 해결 방안 적기 (상황에 따라 원인이 여러 개라도 키워드 한마디로 정리 가능) 3. 확정 아닌 제안이니 (안)이라고 적기 4. 통제 불가 변수가 원인이라면 해결 방안(×) 대응 전략(○)이라고 적기 내용 이해를 돕는 핵심 이미지 덧붙이기
4. 세부 방안	1. 단계별로 나눠/범주를 나눠 넘버링 해서 적기 2. 진행을 위한 예산/담당/일정 적기
5. 요청	(실행을 위해) 내가 뭐 해주면 되냐? 1. 윗사람에게 요청할 것 적기 2. 타 부서와 협의할 것 정리

문제(상황)를 쓸 때 단순히 숫자만 쓰면 '그게 뭐? 심각한 거야?'라고 느껴지지 않을 수 있다. 이때 앞에서 배운 'What? → So what?'이 필요하다.

What? → So what?

현상 → 의미

예를 들면, 거북목 환자 270만 명. 그게 많은 건가? 어떻다는 거지?

그럼 좀 더 구체적으로, 경제 활동 인구 수 대비 9.1%, 즉 경제 활동 인구 10명 중 1명꼴로 겪고 있는 증상이라고 써보자. '아, 일하는 사람들에게 흔한 질병이구나. 심각하구나' 싶다.

또한 '거북목 몇 %'만 쓰는 것도, 이게 많다는 건가? 어떻다는 거지?

그럼 '거북목 몇 % (매년 증가) → 치료비도 이렇게나 많이 나오고 → 이렇게나 많은 질병'으로 확장됨

'목의 문제 → 돈의 문제 → 병의 문제 = 아, 목이 아픈 게 문제긴 문제구나!'라고 인식될 수 있다.

그래서 문제(상황)를 작성할 때,

1. 거북목 **환자** 증가 (매년 증가)

2. 거북목 **치료비** 증가

3. 거북목 연관 **질병** 증가

단순히 1번만 넣기보다 3가지 관점에서 정리해줬다.

1번 또한 '거북목 몇 %'라고 단절된 현상만 보여주는 게 아니라 시간 흐름에 따른 비교를 넣어주니 '갈수록 증가하고 있구나' 파악할 수 있어서 더욱 문젯거리로 인식된다. 좀 더 정확한 분석을 원한다면, 시간 흐름에 따른 비교인 시계열 분석뿐 아니라, 다른 병 대비 거북목 비율이 어떤지 횡단면 분석까지 해보자. '오, 거북목이 진짜 다른 병 대비 많긴 많구나. 심각하구나' 느낄 수 있다.

수많은 질병이 있지만 '거북목'에 대해 언급하는 이유는, 그저 구부정하게 앉아 죽어라 일하고 공부만 했을 뿐인데 죽어라 아팠던 게 억울하기 때문인 것 같다. '결국 이렇게 아플 거면 차라리 열심히 안 할걸'이라는 생각도 했었다. 하지만, 그렇게 했기 때문에 얻은 것도 많다. 그래서 지금에 와 드는 생각은, '조금만 자세에 신경 썼더라면'이다. 때문에 그저 너무 열심히만 하는 분들께 꼭 알려드리고 싶다. 그 열심의 끝이 아픔이 아니라, 기분 좋은 건강한 삶이었음 해서. 그리고 무엇보다 평소 자세만 신경 쓰고 스트레칭만 자주 해도 아주 쉽게 예방/ 교정이 얼마든지 가능한 병이기에.

보고서에 나오는 '문제'라는 말은 다음 3가지 중 하나의 의미로 활용된다. 여러 가지 의미를 내포하고 있어서 헷갈릴 수 있으므로 한번 정리하고 간다.

진짜 문제: "야! 큰일 났어!" 할 만한 진짜 문제가 생긴 경우.

〔문제〕 야, 큰일 났어.

〔원인〕 왜 이런 일이 일어났냐면.

〔제안〕 그래서 이거 해야 돼.

목표 대비 문제: 목표가 너무 높아서 지금 상황이 만족이 안 되는 경우.

〔목표 대비 현재 상황〕 우리 목표 대비 부족한 지금 이 상황이 문제야.

〔간극 원인〕 왜 아직 목표를 못 채웠냐면.

〔제안〕 채우려면 이렇게 하자.

잠재 문제: 아직 일은 일어나지 않았는데 '아… 이대로 두면 큰일 날 것 같아'의 경우.

〔상황〕 지금 이런 상황인데.

〔예상 문제〕 지금 조치 안 하면 저렇게 될 것 같아.

〔제안〕 그래서 이렇게 해서 막자.

목디스크의 원인을 알기 위해 나는 정말 많이 묻고 검색하고, 관련 책을 읽고 방송을 찾아 봤다. 원인을 제대로 알아야 진짜 제대로 된 해결책을 구하니까. 하지만 때로는 정보가 한정되어 있어 원인을 알기 어려운 경우도 많고, 원인을 찾기엔 시간이 절대적으로 부족하기도 하다.

예를 들어, 입찰 경쟁이 들어간 경우 상사가 "지금 어떤 상황인지 좀 알아봐"라고 했을 때 우선 필요한 것은 현 상황에 대한 팩트 체크다. 그리고 문제의 원인을 찾아야 하는데 정보 접근 한계 혹은 상황의 특수성 때문에 파악하기 어려울 때가 많다. 그럼 어쩌나? 그런 경우 원인을 여러 가지 추정해볼 수는 있으니 추정된 원인 A, B, C 혹은 예상 시나리오 A, B, C에 대한 플랜 A, B, C를 정리해서 보고하면 된다. 앞서 말했듯, 정답은 없으나 "알아낼 수가 없잖아요"라고 두 손 놓고 마냥 기다릴 수만은 없으니 "A, B, C의 상황이 예상되므로 그에 따라 이렇게 대응하고자 합니다" 식의 '근거에 기반한' 의견을 제시하면 되는 것이다.

상사의 예상 질문	목차
어떤 상황인지 좀 알아봐	현 상황 팩트 체크 상황/ 핵심 문제
어떻게 대응하나?	추정된 원인에 따른 차후 액션 플랜 A, B, C
뭐가 나으려나?	액션 플랜 A, B, C의 방안 근거 및 장단점
내가 뭐 해주면 되냐?	진행 시 요청 사항

플랜 A, B, C를 정리하며 상사와 협의하면 좋은 이유는, 이후 예상된 상황이 생겼을 때 고객사에 "한번 알아보겠습니다"라고 대응하는 것과, (이미 플랜 A, B, C를 예상해서 회사 측과 협의한 결과, 내 업무 범위가 어디까지인지 아는 경우) 그 자리에서 바로 대안을 제시하는 것은 일의 결과가 매우 달

라질 수 있기 때문이다. 플랜 A, B, C를 정리해서 상황 보고 하는 상황이라 가정하고 쓴 '한 장 보고서 5'를 살펴보자.

또 각 요소별로 어떻게 작성해야 하는지는 '한 장 보고서 6'을 살펴보자.

이외에도 사건, 사고, 재해 등에 대한 상황 보고서를 쓴다면 "이런 사고가 났고, (원인은 이것 때문이다/ 이것 때문으로 추정 중이다) 그래서 이렇게 조치했고, 앞으로 이렇게 대응하려 한다"를 정리하면 된다. 세부 목차는 '한 장 보고서 7'과 같다.

앞서 말했듯, 상황 보고서는 신속한 타이밍이 중요한 경우가 많아 원인을 파악하지 못했더라도 그에 맞게 '원인 파악 중, 혹은 추정 원인'을 작성해서 보고하면 된다. 대처 방안도 너무 급하게 보고가 들어가는 경우 생략할 수도 있지만, 그럼에도 불구하고 피보고자 입장에서 상황만 나열한 보고를 받으면 '그래서 어쩌라고?' 생각되는 등 보고자가 무책임한 메신저맨처럼 느껴질 수 있다. 그러니 간략하게라도 '이런 상황이 예상되므로 이런 대처가 필요하다, 자세한 내용은 추후 보고'라고 작성하여 중요 포인트 위주로 짚어주는 것을 권한다.

P프로젝트 중간보고

경쟁력 확보 위한 가격 조정 필요

2018. 03. 05. 영업부 김성지 대리

1. 현 상황	입찰 마감일: 2018. 03. 31. 바이어: 미국 F사 - F사 입찰 마감일 1개월 이내 임박 - 현재 당사 포함 H, S 등 최종 3개 업체 경합 중 - F사 의중은 타진이 힘든 상황(현지 에이전트 활용 타진 중)
2. 핵심 문제	- 가격은 H, 납기는 S, 품질은 당사가 상대적으로 앞서는 상황 → 납기 조정은 자사도 불가피, **가격 조정 필요**
3. 대응 방안	**1. 플랜 A:** Huddle I(원가 수준)까지 가격 제고 준비 요망 **2. 플랜 B:** Huddle II(원가 97%) 제시 가능성 타진 **3. 추가 액션:** F사 담당자 미팅 (출장 요망)
4. 방안 근거 및 장단점	**1. 플랜 A** 당사 가격은 경쟁업체 H 대비 및 최저가 대비 5% 이상 고가 - 장점: Huddle I 제시 가능 시 가격 2위, 품질 1위로 경쟁력 제고 가능 - 단점: 경쟁사들 추가 네고로 가격 쫓아올 경우 상대적 포지션 변동 없음 **2. 플랜 B** - 장점: Huddle II 제시 가능 시 수주 확실시 - 단점: 단, 저가 수주로 인한 계약 물량 확대 불가피 - 단, F사 네임 밸류 고려 시 원가 수준 이하라도 시장 내 프로모션 효과 기대 **3. 추가 액션** - F사의 당사 비교 우위 기술력에 대한 이해도 부족 - 기술영업부 1인 동반하여 현지 의사 결정자와 미팅 기술력 홍보 필요
4. 협의 요청	1. 기술영업부와 원가 관련 Room 확보 가능 여부 재검토 2. 자금부와 Huddle I / II 제시 가능 여부 협의 3. 프로젝트 수주 중요성 사장님 보고 후 출장 요청 - 출장자 선별 및 급 파견

제목
부제

제목은 '○○건 중간보고'로 어떤 건인지 쉽게 알 수 있게 정리.
부제는 현황 한마디로 정리.

날짜, 소속, 이름, 직급

1. 현 상황	**'지금 어떤 상황이야?'** 1. 개요 작성 2. 상황/ 문제 간단 명사형 정리 : 단순히 '이게 문제야'라고 제3자 입장에서 무책임하게 적기보다는 이 문제를 해결하기 위해 현재 하고 있는 노력이 있다면 명시 3. 세부 내용 수치, 데이터 근거 출처와 함께 작성
2. 핵심 문제 (원인)	**'그 상황에서 뭐가 문제야?/ 그 문제 왜 그런 거야?'** 상황 속 조치가 필요한 핵심 문제/ (추정된) 원인 정리
3. 대응 방안	**'어떻게 대응하냐?'** 예상 시나리오 A, B, C에 따른 플랜 A, B, C 대응 방안 정리
4. 방안 근거 및 장단점	**'뭐가 나으려나?'** 플랜 A, B, C의 장단점 비교
5. 요청	**'그래서 내가 뭘 해주면 돼?'** 실행 위해 요청할 것 적기

제목: ○○ 건 현장 보고

핵심 상황을 부제목으로 정하기. (ex. ○○ 추락 ○○명 중상)

상사의 예상 질문	목차
뭔 일이여?	**사건 개요** - 육하원칙, 왜(why) 빼고 정리
그 일은 왜 일어났지?	**발생 원인** - 파악했다면 원인 작성 - 파악 못 했다면 '원인 파악 중'이라고 작성 - 추정 원인 작성
지금은 어때?	**조치 내역 및 현재 상황** - [누가] 어떤 조치를 하고 있는지 주체별 정리
그래서 어쩌냐?	**전망(앞으로 파장) 및 관련 대처 방안** - [문제 수습] 차원 - [재발 방지] 차원에서 나눠 작성
내가 뭐 해주면 되냐?	**진행 시 요청 사항**

3. 업무 개선 보고서

1. 개선 효과를 강조하는 업무 개선 보고서

우선 업무 개선 보고서의 핵심 질문은 뭔가?

　진짜 좋아?

　즉 네가 말한 개선, 그거 하면 안 했을 때 대비 확실히 뭐가 좋은지 비포 앤드 애프터(before & after)가 확실할수록 설득력을 높일 수 있다. 즉 한눈에 보이는 비교표가 들어가면 좋다. 앞서 살펴본 '보고 간소화 프로젝트'를 업무 개선 보고서로 제안했다고 가정하고 살펴보자. 뭐가 문제이고(현황), 그래서 어떻게 개선하겠다는 건지(개선), 비교표(before Vs. after)를 보여주고 어떻게 진행하면 되는지, 그리고 진행 후 얻는 효과는 무엇인지 쓰면 된다.

상사의 예상 질문	목차
(돈 들여, 시간 들여, 인력 들여) 왜 하자는 거?	목적 (명분 있는 개선 이유)
지금 어떤데? 어떻게 바뀌는데?	개선 전, 후 비교 (표)
어떻게 진행?	세부 계획 (예산, 담당, 일정)
그렇게 하고 나면?	기대 효과
나는 뭐 해주면 되냐?	요청 사항

보고 간소화 위한 한 장 보고서 양식 개선(안)

2020. 02. 23. 그룹문화팀 박신영 팀장

1. 목적

근무 시간 단축(주당 법정 68시간 → 52시간) 근로기준법 개정에 따른 업무 비효율 줄이기
대표적 비효율 업무인 수십 장의 PPT 보고서 작성 → 한 장 워드 보고서로 '사내 보고 간소화' 필요

2. 현황/ 개선 방안

이슈	현황	개선
① 시간 낭비	PPT 작성 시 디자인에 50% 시간 소요 (20XX년 업무 효율 실태 설문조사 결과) → 디자인 치중, 내용 부실, 야근 야기	전사 공통 템플릿: PPT → 워드 1~2장으로 통일 디자인 시간 절약
② 다른 이해	팀별 보고 문서 양식과 용어 다름 → 통합/ 이해하는 데 시간 소요	보고 양식: 공통 항목 8개 정립 보고 용어: 통일
③ 낮은 효율	PPT 발표 준비에 과도한 시간 소요 → 발표 위주 회의는 토론 및 의사결정에 많은 시간 소요	발표 전 [한 장 요약본] 공유 → 회의는 토론 및 의사결정 위주로 진행

3. 진행

보고 양식, 용어 통일 후 하반기부터 적용

진행	기획	협의	확정
세부	보고서 종류 취합 용어, 양식 통일 표준화 작업	팀별 사전 협의 및 피드백	공표 및 전 사원 내재화
기한	언제까지	언제까지	언제까지
담당	담당자	담당자	담당자
예산	얼마	얼마	얼마

4. 효과

① **시간 절약:** 평균 PPT 디자인 소요 시간: 1일 2시간 × 20일 × 12개월 × 관련 스태프 300명 = 연간 14만 4,000시간 절약
② **비용 절감:** PPT 기획서 연간 5,000만 장 종잇값 + 인쇄비 + 잉크 = 작년에 얼마

5. 요청

① 전 사원 '워드 한 장 보고서' 내재화 교육 진행
② 부서장 이상 인식 교육 진행

제목(안)
○○을 위한 ○○ 개선(안)으로 정리.

날짜, 소속, 이름, 직급

1. 목적

뭐 때문에 뭐 바꾸자고? 한마디로 정리

2. 현황/ 개선 방안

이슈	현황	개선
① 이런 문제들	지금은 이런 상황인데 (근거 수치 위주로 정리)	앞으로 어떻게 바꾸자
②		
③		

3. 진행

진행	1단계	2단계	2단계
세부			
기한	언제까지	언제까지	언제까지
담당	담당자	담당자	담당자
예산	얼마	얼마	얼마

어떻게 진행되는지 큰 그림 단계별로 정리

4. 효과

개선 후 확실히 달라지는 효과 정리
- 비용 위주, 결과가 숫자로 드러나는 것 위주로 정리

5. 요청

진행을 위해 요청할 것 있으면 적기

2. 문제의 심각성을 알려 개선을 촉구하는 업무 개선 보고서

이번에는 문제의 심각성을 좀 더 자세히 공유해서 공감대를 이끌어낸 후 개선을 꼭 이루고자 하는 경우의 업무 개선 보고서를 살펴보겠다. 앞에서 살펴본 것보다 문제를 더 심각하게 보여주는 방법은, 현재의 문제를 알려준 뒤, 내가 제안한 개선을 하지 않았을 때 예상되는 문제를 쓰는 것이다. 구조를 살펴보면 다음과 같다.

상사의 예상 질문	목차
결국 뭐 하자는 거?	결론 (목적 포함)
꼭 해야 돼? 지금 어떤데?	현상/ 문제
그건 왜 그런 건데?	원인
그럼 만약에 문제를 해결하지 않음 어떻게 되지?	예상 문제
그럼 뭐 하면 되냐?	(목표 포함) 개선 방안
좀 더 세부적으로	세부 계획 (예산, 담당, 일정)
그렇게 하고 나면?	기대 효과 before Vs. after (선택)
나는 뭐 해주면 되냐?	진행 시 요청 (선택)

내가 요즘 그 심각성을 인식해서 지인들에게 알리고 다니는 '환경호르몬'에 관한 업무 개선 보고서를 쓴다고 해보자. 앞서 설명했듯 '환경호르몬 예방 안 하면 어떻게 되는데?'라는 예상 문제를 넣어서.

나는 결혼하자마자 난소 하나와 혹을 떼어내고, 자궁내막증 치료를 위해 2년간 잠시 폐경을 겪었다. 여기까지는 뭐 괜찮았다. 그런데 문제는 이 질병에 대해 알고 나니, "언니 저도 혹 있대요", "언니, 저도 자궁 내막증 이래요" 하고 울면서 상담하는 지인들이 많았는데, 그중 상당수가 미혼 이라는 점이었다. 아직 결혼도 안 했는데, 폐경을 유도하는 호르몬 약을 먹고 부작용을 겪는 그들을 보면서 너무 마음이 아팠다. 그러다 한 지인 추천으로 「SBS스페셜」 '환경호르몬의 습격' 편을 보게 되었는데, 내 또래 는 물론, 여중생들의 생리통이 갈수록 매우 심해지고 있다는 것과, 그중 가장 심한 아이들 18명을 뽑아 정말 검사를 해보니 16명이 불임의 원인 인 자궁내막증을 앓고 있다는 내용이었다. 정말 충격적이었고 슬펐다.

그 원인으로 지목되는 환경호르몬에 대해 알아보니, 쉽게 말해 그것은 플라스틱과 화학용품에 많은데, 요즘 너무 흔하게 쓰이니 관련 질환도 폭발적으로 증가한다는 것이었다. 예를 들면, 음식을 플라스틱 그릇에 넣어 전자레인지에 돌려 먹는 것은 환경호르몬 덩어리를 뜨끈하게 먹는 것이나 마찬가지다. 배달 음식도 대개 플라스틱에 담겨 오기 때문에 환 경호르몬에 노출되지 않으려면 그것 역시 줄여야 한다.

그럼, 환경호르몬과 성호르몬이 무슨 상관이기에 생식 관련 문제를 일 으키는 것일까? 환경호르몬의 화학 구조식은 여성호르몬과 비슷해서 환 경호르몬이 몸속에 들어오면, 진짜 호르몬들을 교란해 일을 못 하게 한 다. 따라서 수많은 생식 질환을 일으키고, 매우 슬프고 힘든 난임이나 불 임의 원인이 된다. 하지만 희소식도 있다. 「SBS스페셜」 '바디버든 1부 자

궁의 경고' 편에서는 일상생활에서 화학물질 사용을 의식적으로 줄여나
가는 8주 프로젝트를 실시했는데, 이는 확실히 생리통과 자궁내막증 감
소에 효과가 있었다. 의식적으로 채소 섭취를 늘리고 식습관을 고치니
고등학생임에도 불임을 걱정했던 아이의 자궁 질환이 눈에 띄게 나아졌
고, 심한 생리통으로 일상생활이 힘들었던 여성도 화학용품을 줄인 후엔
생리 중 일상생활이 가능해졌다. 나 또한 남편에게 관련 영상을 보여주며
함께 생활 습관을 고치기 위해 노력했다.

　모르면 대단히 큰 고통을 겪지만, 일상 속에서 쉽게 예방할 수 있는 일
이기에 널리 알리고자 적어본다.

　"요즘 자궁내막증이 아주 많던데… 자궁근종도 감기처럼 흔하던데… 어떻
　게 개선할지 보고해봐."

　이런 경우 앞의 나의 주저리주저리가 어떻게 정리되는지 다음 '한 장
보고서 10'을 살펴보자. 이 또한 나는 의학 전문가가 아니며, 개인적인 경
험과 조사 자료들을 토대로 쓴 것임을 염두에 두고 읽으시라.

급증하는 생식 질환 예방을 위한
생활 속 환경호르몬 줄이기 제안

2020. 02. 23. 경영지원팀 박신영 차장

결론	생식 질환 주 원인인 환경호르몬 감소 위해 '3가지 습관 개선' 필요
1. 현황/ 문제	**1. [자궁근종] 환자 4년 새 20% 증가**

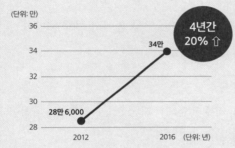

출처: 건강보험심사평가원

2. [자궁내막증] 환자 7년간 5배 증가

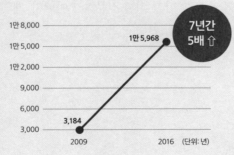

출처: 강남 차병원

2. 원인	생활 속 환경호르몬
	환경호르몬 화학 구조식이 여성호르몬과 유사 환경호르몬 체내 유입 → 성호르몬 시스템 교란 야기 **[환경호르몬 구조와 여성호르몬 구조]** 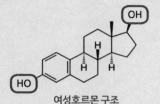 환경호르몬 구조　　　　　　　　　여성호르몬 구조
3. 예상 문제	**[남성]** 정자 수 감소, 여성형 유방증, 전립선암 **[여성]** 성조숙증, 극심한 생리통, 자궁내막증, 유방암, 자궁암 → 난임 및 불임으로 이어짐
4. 개선 방안	**목표: 환경호르몬 제로 달성을 위한 3가지 습관 실천** <table><tr><th>환경호르몬 배출 음식 먹기</th><th>환경호르몬 유발 플라스틱 사용 자제</th><th>환경호르몬 유발 화학용품 사용 자제</th></tr><tr><td>물, 야채, 식이 섬유, 현미밥, 녹차, 미역 등</td><td>1. 플라스틱 용기 사용 자제: 배달 음식 용기, 스티로폼, 종이컵 등 2. 플라스틱에 담긴 음식은 전자레인지 사용 금지 3. 뜨거운 음식은 플라스틱 봉지에 담지 않기</td><td>1. 화장품, 샴푸, 향수 등 성분 확인 후 사용, 사용 절제 2. 살충제, 탈취제 등 사용 절제</td></tr></table>
5. 요청	**구체적 정보 습득 위해 3가지 영상 시청 요망** 1.「SBS스페셜」 '바디버든 1부 자궁의 경고' 2.「SBS스페셜」 '환경호르몬의 습격' 3. 채널A「나는 몸신이다」 '몸속 가짜 호르몬, 환경호르몬의 공격'

4. 제안 보고서

제안 보고서의 핵심 질문은 뭔가?

그 제안 진짜 필요해?

'이 제안 꼭 받아들여야겠구나' 하고 상대를 설득시키기 위해서는 우선 '문제 인식'을 하게 하는 게 중요하다. 왜냐하면 회사 입장에서는 '제안 = 실행 = 비용'이므로, 곧 제안이란 다 '사람 쓰자, 시간 쓰자 = 돈 쓰자'는 이야기인데, 진짜 그 돈을 쓸 만큼의 문제인지 명분이 필요하기 때문이다. 그래서 내 입장에서의 문제가 아닌 상대방 입장에서 심각하다고 생각되는 문제로 정리해야 한다.

예를 들면, 내가 인사팀장이라고 가정해보자. 요즘 계속 야근하는 직원들, 하나둘 시름시름 앓고 안 아픈 사람이 없어 회사 분위기가 좋지 않다. 사장이 이 상황을 해결할 제안 보고를 하란다. 그럼 단순히 내 입장에서 우리 직원들 아픈 거 마음 아프니,

〔내 입장에서의 문제〕 직원들 아픈 거 마음 아픔.

〔문제〕 직원 아픔.

〔제안〕 회사에서 건강 관리 해주자.

이런 제안은 힘이 없다. 당연히 사장 입장에서는 '왜 내가/ 회사에서 왜 돈 들여서 해줘야 해?'란 생각이 든다.

· 직원 아픈 게, 왜 회사 문제인지 같이 생각해보자.

왜 회사의 문제야?

→ 음… 직원이 아프면, 의료비 지원이 많아지니까.

→ 병가 낸 직원 때문에 인력 확충하려면 그것도 비용이니까.

→ 아파서 퇴사하면 그간 그 사람 키우느라 쓴 비용 손실이 크니까.

즉, 직원이 아프면 → 회사 돈 많이 나가니까.

이는 회사 입장에서도 납득할 수 있다. 여기까지 생각한 다음, 회사는 말이 아니라 숫자로 움직이므로 이 제안으로 줄일 수 있는 사내 의료비가 몇 %인지 계산한다. 제목도 이렇게 달라진다.

〔비포〕 내 입장: 직원을 위한 '건강 경영' 제안.

Vs.

〔애프터〕 사장 입장: 사내 의료비 10% 감소 위한 '건강 경영' 제안.

문제에 관한 기록도, '최근 직원들 몇 % 아픔'이라고 내 입장에서 하는 것이 아니라 '최근 사내 의료비 몇 % 증가'로 회사/ 상사의 관심사 입장에서 하는 것이 '빨리 해결해야 할/ 빨리 받아들여야 할 제안'으로 보인다.

즉 제안 보고의 핵심은, 상대 입장에서 납득되는 문제를 말하고, 그 문제를 해결할 제안을 하되, 그 제안이 최선인지 비교 우위(이것 봐, 비교해봐도 괜찮은 제안이지?), 혹은 사례(이것 봐, 다들 많이 하는 괜찮은 거라고)를 보여주는 것이다. 그래야 제안에 대한 합리적 신뢰를 얻을 수 있다.

그래서 이런 내용들을 고려해 목차를 정리해보면,

상사의 예상 질문	목차
왜?	문제 (때론 검토 배경 포함)
그거 왜?	원인
그래서 뭐?	목표 포함한 제안/ 대책
그게 최선이야?/ 다른 데도 하는 괜찮은 거야?	비교 우위/ 예시
그래서 어떻게?	진행 계획
진짜 할 만한가? 한다면 어떤 결과를?	예상 성과 (목표와 겹친다면 생략 가능) 결과물의 형태 (진행 시 최종 결과물의 형태 공유)

혹은 맨 앞에 목표를 넣어서 작성할 수도 있다.

"이런 목표로 이걸 하려고 해." 결론부터 이야기하고, 상황(문제)을 설명하는 것이다.

상사의 예상 질문	목차
왜? (그 제안 뭘 얻기 위해 하는 거야?)	목표 (제목으로 대체 가능)
왜?	문제
그거 왜?	원인
그래서 뭐?	제안
그게 최선이야?/ 다른 데도 하는 괜찮은 거야?	비교 우위/ 예시
그래서 어떻게?	진행 계획
진짜 할 만한가? 한다면 어떤 결과를?	예상 성과 (목표와 겹친다면 생략 가능) 결과물의 형태 (진행 시 최종 결과물의 예상 형태 공유)

실제로 2017년 일본의 대기업 의료비 지출이 약 41조원에 달했다고 한다. 다들 열심히 일하느라 많이 아픈 것이다. 이에 회사 차원에서 대대적으로 직원들 건강을 챙기기 위해 식단 관리, 건강 수치 관리 등을 실질적으로 진행해 이슈가 되고 있는 일본 기업 타니타 사례를 참고하여 가상의 제안 보고서를 써보았다. '한 장 보고서 11'을 함께 살펴보자.

이어서 항목별로 살펴보기 위해 '한 장 보고서 12'를 보자.

사내 의료비 10% 감소 위한 '건강 경영' 제안

2018. 02. 26. 인사팀 박신영 팀장

1. 문제	사내 의료 비용 증가 (전년 대비 3.6% 증가, 10년 전 대비 20% 증가) [표] 의료비 증가 추이
2. 원인	잦은 야근, 운동 부족, 자극적 식습관으로 **병들어가는 직원들의 몸** → 의료비는 물론 병가 휴직, 퇴직자 증가 예상 (병가 휴직 전년 대비 1.3%↑)
3. 제안	직원이 건강해야 회사도 건강합니다 **IT 기기를 활용한 건강 경영**
4. 타사 사례	**1. 아디스 재팬** 건강 경영 지원 서비스 '헬스케어' → 직원 건강 데이터 관리 **2. NT도코모** 도코모 헬스케어 → 직원 건강 상태 스마트폰으로 확인 및 관리
5. 진행 계획	**IT 기기를 활용한 건강 경영 3가지** **1. 수치 관리 "건강도 벌고 돈도 벌자"** 　(1) [체중/ 체지방 측정] 직원 IC칩 장착 사원증으로 2주 1회 측정 　(2) [활동량 측정기] 보행 수 측정 　→ 2가지 모두 1달에 1번 시상, 상금 수여로 동기 부여 **2. 식단 관리 "500kcal is OK"** [저염식 식단] 500kcal에 배부르고 맛있는 사내 저염식 메뉴 개발 **3. 운동 관리 "운동할 시간 없죠? 회사에서 해요"** [운동 세미나] 1주 2회 업무 시간 활용 운동 세미나 개최 (수, 금 14:00~15:00)

	1. 예산: 총 얼마 (세부 내역 첨부) 2. 담당: 3. 일정: 5단계 진행

기획	홍보	실행	확인	조치
언제까지	언제까지	언제까지	언제까지	언제까지

※건강까지 감시당한다는 부정적 시각/ 오해 줄이기 위해 사전 홍보 캠페인 실시

6. 예상 성과	1. [사내 의료비] 10% 감소 (예산 대비 감소 비용 비교) 2. [자사 홍보] 홍보 소재로 활용 – 보도 자료 예시 첨부: 제목(안) "직원이 아픈데 회사가 건강할 수 있나요?" 3. [콘텐츠 생산] "500kcal에 배부른 저염식 메뉴 100개" 요리책 출판

제목: ○○를 위한 ○○ 제안

'목적/ 목표' 포함하여 명사형으로 적기.

날짜, 소속, 이름, 직급

1. 문제	**왜?** 상대방이 중요하게 인식할 수 있는 문제 명사형 정리 문제를 증명할 수 있는 정량적 표/ 정성적 인터뷰 첨부
2. 원인	**그거 왜?** 한마디로 원인 정리 한마디로 정리 안 될 경우 넘버링해서 작성
	이해를 돕는 설명/ 데이터
3. 제안	**그래서 뭐?** 결국 하고자 하는 것을 한마디로 정리 한마디로 정리 안 될 경우 원인 넘버링 순서대로 제안 정리 이해를 돕는 부재를 적어도 좋음
4-1. 타사 사례	**그게 최선이야? 다른 데도 그렇게 해?** 타사의 경우 어떻게 하고 있는지 [타사]무엇을 → 어떻게 진행하는지 작성, 진행 결과 수치 있다면 베스트
4-2. 비교 우위	**다른 것 대비 뭐가 좋아?** 내 제안이 다른 것 대비 어떤 비교 우위를 가지는지 비교표로 보여주기
5. 진행 계획	**그래서 어떻게?** 어떻게 진행할지 항목별로 넘버링 작성 각 항목에 대한 세부 설명 작성
	예산/ 담당/ 일정 작성
6. 예상 성과	**진짜 할 만한가?** 진행한 후 예상되는 성과(정량/ 정성적 효과) 작성 여러 가지라면 [항목 나누고] 넘버링 작성

앞서 살펴본 제안서는 어떤 문제가 1차로 발생했을 때 이를 개선하기 위한 보고서였다. 때로는 이미 문제 개선을 위해 뭔가 해왔는데, 또 개선이 필요해서 쓰는 보고서도 있을 수 있다. 예를 들어 상사 입장에서 "아니, 이런 문제가 있었는데, 다 손 놓고 있었던 거야?" 같은 궁금증이 생길 수 있으므로, "아니요, 그동안 이렇게 해왔는데, 이렇게 더 하려 합니다" 식의 그간 개선을 위해 시행했던 조치들, 그리고 그것의 성과와 한계를 적어주면 좋다. 즉, '지금 이런 문제가 있는데' → '그동안 이렇게 노력했어' → '그래서 앞으로 이렇게 할게' 순으로 적는 것이다.

상사의 예상 질문	목차
왜?	문제
그거 왜?	원인
근데 그거 그동안 아무런 조치도 안 했어?	그간의 조치들 / 성과 및 한계
그래서 뭐?	보안 제안
그게 최선이야? / 다른 데도 하는 괜찮은 거야?	비교 우위 / 예시 (선택)
그래서 어떻게?	진행 계획
진짜 할 만한가?	예상 성과 (선택)

혹은 꼭 어떤 문제가 있어서라기보다 '이런 목적을 가지고 이걸 하자'라고, 다음 3가지로만 간단히 정리할 수 있다.

상사의 예상 질문	목차
왜? (그 제안 뭘 얻기 위해 하는 거야?)	목적
그래서 뭐?	제안 (목표 포함)
그래서 어떻게?	세부 진행 계획

　제안 보고서 맥락에서 신제품 제안 보고서도 살펴보자. 신제품 제안은 너무 중요한 이슈이기에 대대적인 프로젝트로 진행되고, 길고 긴 서류 작업이 병행되지만, 가장 윗선에 보고할 때는 1~2장으로 정리해야 한다.

　결국, 신제품 제안 보고서에서 해야 할 말을 한 문장으로 정리하면 다음과 같다.

　　시장성을 가진 (누구Whom)의

　　(이런 문제Why)를 해결하고자

　　이걸 (개발What)했으며

　　(비교 우위/ 차별화What else)는 이겁니다.

　　이런 (전략How)으로 가면

　　이런 (성과/ 반응If)예상합니다.

상사의 예상 질문	목차
누구? 문제(시장성)를 가진 집단 이걸 살 수밖에 없는 집단은?	고객 개발
그 사람들이 왜?	문제/ 원인
그래서 뭐?	제안 핵심 메시지 핵심 이미지
다른 것도 많잖아? 뭐가 나아?	비교 우위/ 차별화
그래서 어떻게 진행?	진행 계획
예상 성과? 기대 효과?	자사 예상 성과 소비자 기대 효과

그래서 보고를 받는 입장에서 이 5개가 확실히 보여야 한다.

- [핵심 타깃] '살 만한 집단이 있다'를 느낄 문제를 가진 사람이 누구인지,
- [주요 해결 문제] '우리가 그들의 어떤 문제를 해결해준다'가 확실하든지,
- [주요 강점] 남들도 다 해결해주는 거지만/ 이미 있는 거지만 '우리는 이 게 확실히 낫다'가 보이든지,
- 이 팩트를 기억하게 해줄 정리된 [딱 한마디].
- 기억에 남길 [한 장 그림].

5. 계획 보고서

1. 실행 계획 보고서

실행 계획 보고서의 핵심은 뭔가?

어떻게 할 거야?

이 물음에 답하는 것. 즉 이것은 왜 해야 하는지, 무엇을 할 것인지는 이미 합의된 상태에서 세부 계획을 공유할 때 쓰는 보고서다.

상사의 예상 질문	목차
무슨 건?	개요
어쩐다고?	계획
	세부 계획
진행을 위해 내가 해줘야 할 거?	요청

'한 장 보고서 13'을 보자.

이후 '한 장 보고서 14'를 통해 각 항목별로 살펴보자.

신세계 죽전점 매장 오픈 계획 보고서

2018. 02. 26. 마케팅팀 박신영 팀장

1. 개요	2020. 2. 23. 오픈 목표 머시주스 X번째 매장 죽전점 오픈 계획
2. 진행	**3단계** [1. 세부 협의] → [2. 인테리어 시공] → [3. 오픈 착수] 진행

진행 순서	세부 내용	5월				6월				7월			
		1주	2주	3주	4주	1주	2주	3주	4주	1주	2주	3주	4주
1. 세부 협의	신세계 협의	■	■										
	가이드 분석				■								
2. 인테리어 시공	설계 및 구입					■							
	전체 시공						■	■	■				
	세부 시공								■	■			
3. 오픈 착수	세부 제작물									■			
	A, B 영역 점검											■	
	세부 점검												■

1. 세부 협의 담당자: 박신영 (중간보고 5. 11.)
2. 인테리어 시공 담당자: 김성지 (중간보고 7. 6.)
3. 오픈 착수 담당자: 김린 (최종 보고 7. 27.)

3. 협의	예산 협의 필요 (기존보다 5% 상승: 벽 마감재 교체) 인테리어에 활용될 브랜드 정책 최종 점검 필요 (파일 첨부)

○○계획 보고서

날짜, 소속, 이름, 직급

1. 개요	**무슨 건?** 상사의 기억을 상기시키기 위한 간단 개요 정리 목표 계획 (날짜 + 프로젝트명 등)
2. 계획	**아, 그거 어쩐다고?** 단계로/ 어떤 흐름으로 진행하는지 크게 나눠 설명
3. 세부 계획	담당자/ 일정이 담긴 스케줄표/프로젝트 시트
4. 요청	**진행을 위해 내가 해줘야 할 것?** 진행을 위해 상사와 협의해야 할 사항들/ 요청 사항 기재

2. 행사 계획 보고서

행사 계획 보고서의 핵심은 뭔가?

그 행사, 어떻게 진행할 거야?

이 질문에 답하는 것. 그리고 좀 더 들어가면, 회사에서는 결국 '진행할 비용 들여서, 사람 들여서(사람도 결국 회사 입장에서는 비싼 돈을 준 비용이니) 그 행사 왜 한다 그랬지?'라고 물을 수 있으므로 그에 합당한 '추진 목적'에 대한 답이 있어야 한다. 그래서 목차를 살펴보면 다음과 같다.

상사의 예상 질문	목차
그거 왜 한다고? (굳이 돈 들여서?)	추진 목적
어떻게 한다고?	추진 방향
	기본 개요
	세부 진행 (일정/ 예산/ 담당)
진행을 위해 내가 해줘야 할 거?	요청 (선택)

나는 일에 질리고 싶지 않아서, 휴대폰을 멀리하고 '멍 때리며' 일과 격리된 시간을 갖는 걸 매우 좋아한다. 그런데 실제로 '멍 때리기 대회'가 있다고 해서 굉장히 놀랐다. 이 대회에서 작년에 가수 크러쉬가 우승을 해서 매우 화제가 되기도 했는데, 이런 기발한 기획을 하는 것도 대단하

지만 실행까지 성공적으로 해낸 것은 더 대단하다고 생각한다. (참고: 기획부터 실행까지 '옮쓰양컴퍼니'에서 진행.)

미국의 뇌과학자 마커스 라이클 박사에 따르면 아무런 인지 활동을 하지 않을 때 오히려 뇌의 특정 부위(전전두엽, 측두엽, 두정엽)가 활성화되어 창의성이 생기고, 특정 수행 능력이 향상된다고 한다. 계속 달릴 때보다 때론 쉬어줘야 더 좋은 게 나온다니! 대회까지 참석은 못 하더라도 가끔씩 멍 때려주는 거 중요한 거 같다.

기존 행사의 목적은 '멍 때리기 = 뇌의 휴식 및 시간 낭비'라는 인식의 재해석이지만, 기업에서 주체한 행사라면 영리 목적이나 최소한 이미지 광고 효과에 대한 언급은 있어야 하기에 가상의 상황을 만들어 썼다. 내가 뇌 휴식 음료 '스트레스 프리' 마케터라고 가정하고 쓴 행사 계획 보고서다. '한 장 보고서 15'를 살펴보자.

이후 '한 장 보고서 16'을 보며, 각 항목별로 어떻게 써야 할지 알아보자.

'멍 때리기 대회' 행사 계획 보고서

2018. 02. 26. 기획팀 박신영 팀장

1. 추진 목적	자사 브랜드 '스트레스 프리'와 같은 맥락의 행사 '멍 때리기 대회' 후원을 통한 → 제품 노출 및 자연스런 음료 기능 홍보 [참고] 멍 때리기 대회 현대인의 과부화된 뇌 때문에 생산성 저하 및 만성 피로, 우울감 증가 → '뇌 휴식 이 필요하다'는 전제로 4년째 개최되어 언론의 주목을 받고 있는 행사 (2016년 언론 노출 몇 건), 가수 크러쉬 대회 우승으로 화제 (관련 뉴스 몇 건)
2. 추진 방향	**행사 중 '스트레스 프리' 노출 2건** 1. [트로피] 스트레스 프리 음료수 모양으로 제작 2. [대회 진행 시] "멍 때릴 때 한 잔 해" 물 대신 스트레스 프리 음료 무료 제공
3. 개요	1. 행사명: 멍 때리기 대회 2. 대상: 뇌를 쉬게 하고픈 사람 3. 장소: ○○대교 밑 4. 일시: 2017. 04. 30. 15:00~18:00 　(1) 선수 모집: 2017. 04. 03.~04. 06. 　(2) 선수 발표: 2017. 04. 10.(자사 홈페이지, SNS 통해 모집 및 발표) 5. 주관: 옵쓰양컴퍼니, 서울시 한강사업본부
4.진행 계획	일정표 (총 대회: 3시간, 본 대회: 1시간 30분)

시간	세부	담당자
00:00~00:00	선수 번호 등록	○○○
00:00~00:00	멍 때리기 체조	○○○
00:00~00:00	본 대회	○○○
00:00~00:00	우승자 선정	○○○
00:00~00:00	시상식	○○○
00:00~00:00	단체 사진	○○○

■ 제품 집중 노출 시간 테두리 표시

예산 (총 얼마)	
항목	**견적**
○○	얼마
○○	얼마
○○	얼마

5. 요청	당일 파견 팀원 명수 협의

제목: '행사명' 행사 계획 보고서

날짜, 소속, 이름, 직급

1. 추진 목적	**(굳이 돈 들여, 시간 들여) 그거 왜 한다고?** 추진 목적 간단 명사형으로 정리
2. 추진 방향	**어떻게 한다고?** 목적을 이루기 위한 행사의 핵심 메시지/ 핵심 포인트/ 핵심 방법론 정리
3. 개요	1. 행사 개요 넘버링하여 정리 2. 각 항목별 Why(왜 이 사람들? 왜 여기? 왜 이때? 왜 이런 진행? 왜 이런 순서?)를 생각하며 개요 짜고 언급하면, 더 의미 있고 납득되는 행사 기획 가능
4.진행	상사가 알아야 할 일정/ 예산/ 담당자 위주로 정리

세부 일정표 (총 몇 시간 동안 진행되는지 정리)

시간	세부 내용	담당자
00:00~00:00	진행 항목별로 정리	○○○
00:00~00:00	진행 항목별로 정리	○○○

예산 (총 얼마인지 적고, 주요 항목 아래 정리)

항목	견적
○○	얼마
○○	얼마

5. 요청	**진행을 위해 내가 해줘야 할 거?** 상사와 협의해야 할 것/ 요청 사항 넘버링으로 정리

6. 출장 보고서

출장 보고서의 핵심 질문이 뭔가?

결국 (그 돈 들여서 다녀와서) 뭘 얻어 왔어?

이 질문에 답하는 것이 중요하다. 어떤 선배는 출장 보고서 작성을 어려워하는 나에게 '아, 인마가 가서 안 놀다 왔구나. 비행기 값은 했구나'가 느껴지도록 쓰면 되는 것이라고 했는데, 그리 생각하니 한결 쓰기 쉬웠다. 즉, '출장을 가야만 하는 이런 이유들이 있었고, 나는 가서 그걸 했다'를 정리하면 되는 것이다.

상사의 예상 질문	목차
왜 갔었지?	출장 목적/ 목표(출발 전 어젠다)
가서 뭘 얻었지?	성과
좀 더 자세히?	세부 성과
내가 해줄 건?	요청

하지만 또 중요한 포인트는 출장에 가서, 원하는 성과를 못 얻었을 경우의 보고서다. 단순히 '못 했다'로 끝나는 보고서가 아닌 '실패 요인'은 무엇인지, 그래서 앞으로 어떻게 하면 좋을지가 기록된 보고서가 공유되

면 좋다. 이런 보고 문화를 활발히 해야 하는 이유는, 귀책 사유와 책임을 묻고자 함이 아닌, 실패 원인 공유가 실패 재발을 방지하고, 추후 업무에 있어 업그레이드 기반이 되어주기 때문이다.

즉, 왜 실패했느냐에 대한 보고서가 조직에서 매우 중요한 이유는, 바둑으로 치면 다음 판을 준비하는 '복기' 역할을 하기 때문이다. 독일의 지식경영인 롤프 도벨리는 이와 관련해 "보고서에 성공한 사례만 있고 이루지 못한 목표는 슬그머니 감춰져 있다면, 그야말로 화살을 쏘고 난 뒤에 그 주위에 과녁판을 그리는 격이다"라고 말한 바 있다. 진정한 발전을 추구한다면 서로 실패를 기록하고 공유하는 문화를 만들어나가야 한다.

이 내용들을 추가한다면 목차가 이렇게 될 것이다.

상사의 예상 질문	목차
왜 갔었지?	출장 목적 / 목표 (출발 전 어젠다)
가서 뭘 얻었지?	성과
좀 더 자세히?	세부 성과
못 얻은 건 왜?	목표 미달성 원인
그럼 앞으로 어떻게?	차후 보완점
뭐 내가 해줄 건?	요청

만약 3가지의 목표를 가지고 출장에 갔다고 가정해보자. 그러면, 그 목표별로 넘버링해서 1, 2, 3을 적고, 성과도 1, 2, 3에 맞춰 적고, 목표 미달성 원인도 1, 2, 3에 맞춰 적으면 이해하기 쉽다. '한 장 보고서 17'을 보자.

C프로젝트 출장 보고

장소: 런던/ 기간: 2018. 02. 01.~2018. 02. 07.

2018. 02. 26. 영업부 김성지 대리/ 박신영 사원

1. 출장 목표 (출발 전 어젠다)	1. [M사] 112K 계약 서명(총 8척 분) 2. [C사] H1428호선(현재 건조 중) 품질 문제 합의 3. [G사] 상선 파트 총괄(Mr. Pre) 접견 및 프로모션
2. 성과	1. 계약 서명 **완료** 2. H1428호선 품질 문제 **부분 합의** 3. CC총괄 미팅 **실패**
3. 세부 내용	- 일시: 2018. 02. 02. - 장소: M사 본사 리셉션룸 - 참석자: M사 부사장(Mr. Ma), 구매 총괄(Mr. Uli) - 내용: 기존 합의대로 별도 논의 없이 서명 진행(8척 분) 　　　　서명 후 석식 및 향후 프로젝트 논의 (별도 보고 예정)
	- 일시: 2018. 02. 03.~2018. 02. 06. - 장소: C사 본사 대회의장 - 참석자: C사 기술이사(Mr. Rich) 외 엔지니어 3인 - 내용: 현재 문제가 되는 BWTS 장착 관련 한국 메이커 사용에는 동의 　　　　단, 전기 분해 아닌 오존 방식 선호로 추가 협의 필요
	- 일시: 2018. 02. 07. - 내용: G사 상선 파트 총괄(Mr. Pre)의 갑작스런 해외 출장 발생 　　　　긴급 일정 변경으로 추가 프로모션 대책 마련 실패
4. 목표 미달성 **원인**	1. 해당 사항 없음 2. 갑작스러운 클라이언트의 선호 방식 변경에 따른 준비 부족 3. 당일 예고 없이 변경된 일정이라 대처 불가능
5. 차후 보완점	1. 해당 사항 없음 2. 기술개발팀과 바이어 측 요청 예상 자료 준비 (언제까지) 3. 미팅 불가 상황에서 전달 가능한 한 장 제안서 작성 필요

6. 요청	2. 관련
	   (1) 오존 방식 관련 기술개발팀과 미팅, 구매 업체 목록 작성
	   (2) 바이어 측 요청 예상 자료 초안 검토

○○건 출장 보고
출장 장소/ 기간 명시

날짜, 소속, 이름, 직급

1. 출장 목표 **(출발 전 어젠다)**	**왜 갔지?** '가서 이건 해야 한다'라는 출발 전 가지고 있던 어젠다별 넘버링해서 정리
2. 성과	**그래서 어떻게 됐어? 뭘 얻었지?** 1. 각 항목별 성과 보고 (○○ 완료, ○○ 합의, ○○ 부분 합의, ○○ 실패 등 결과 중심 정리) 2. 항목이 많아 복잡한 경우 성공/ 실패 등 결과 구분 표로 작성 3. 한 장 보고서 17 예시처럼 간략한 건인 경우 출장 목표와 성과 1개의 표로 함께 작성

	출장 목표	성과
1. M사	112K 계약 서명(총 8척 분)	계약 서명 **완료**
2. C사	H1428호선(현재 건조 中) 품질 문제 합의	**부분 합의** (방식 관련 추가 논의 필요)
3. G사	상선 파트 총괄(Mr. Pre) 접견 및 프로모션	CC총괄 미팅 **실패**

3. 세부 내용	**좀 더 자세히?** 각 항목별로 세부 내용 (일시/ 장소/ 참석자/ 핵심 논의 내용 및 진행) 정리
4. 목표 미달성 원인	**못 한 일들은 왜?** 목표 미달성 건이 있다면, 각 항목별 목표 미달성 원인 정리
5. 차후 보완점	**그래서 앞으로 어떻게 대응?** 목표 미달성 건에 대해 대응 액션 플랜 정리
6. 기타	**뭐 내가 해줄 건?** 차후 보완점을 진행하기 위해 필요한 사항/ 협의 필요한 내용 정리

그리고 세부 항목은 왼쪽 '한 장 보고서 18'을 통해 살펴보자.

같은 맥락에서 미팅 후 미팅 보고서, 컨택 리포트를 작성할 때도 상사가 "그 건(만난 거) 어떻게 됐어?"라고 물을 때, 한 장 보고서든 이메일이든 위의 항목을 따라 정리할 수 있다. 미팅 후 보고는 매우 중요하다. 입장 바꿔 생각해보라. 미팅하고 온 김 대리, 돌아와서도 깜깜무소식이면 얼마나 속 터지겠나? 결국 미팅에서 무엇을 얻었고, 상황이 어떤지, 그래서 앞으로 어떻게 하면 되는지를 보고하면 되는 것이다. 그리고 첫 미팅의 경우, 명함 교환으로 받은 담당자의 직급, 연락처를 공유해두는 것도 직원 퇴사가 많은 요즘 매우 중요하다.

상사의 예상 질문	목차
무슨 건이지?	담당자 컨택 포인트(직급, 연락처) 및 미팅 기본 정보 공유
만난 거 어떻게 됐어?	성과/ 협의 내용
그래서 어떻게 한다는 거야?	진행 세부
나는 뭘 해주면 돼?	요청

미팅 다녀와서 이메일로 보고한다고 가정하고 '한 장 보고서 19'를 살펴보자.

이메일 제목: [미팅 결과 공유] 2018 하반기 '제안서 교육' 박신영 강사 미팅 건

이메일 내용:
○○팀/ ○○○ 대리님

안녕하세요?
○○팀 ○○○입니다.

[2018 하반기 '제안서 교육' 박신영 강사 미팅] 결과 공유합니다.

미팅 개요	일시: 2018. 02. 23. 장소: 양재역 기획스쿨 사무실 참석자: 박신영 강사, 김성지 팀장
협의 내용	**2018년 하반기 '제안서 작성 교육' 프로그램** – 커리큘럼 협의 완료 (팀장님께서 중시하신 '논리' 부분 중심으로) – 6차수 진행 확정 – 날짜 확정
진행 세부	**1. 1인 1제안서 작성** 　(1) 대상: 자발적 참여자 60명 (1회 10명 소수 정예 진행) 　(2) 일시: 2018년 9월 1주~10월 2주차 (매주 월, 화 진행) 　(3) 결과물: 1인 1제안서 작성 및 발표 **2. 우수 제안서 선정 후 통합 작업** 　(1) 대상: 60명 제안서 중 우수/ 추천 제안서 작성자 6명 건 선정 　(2) 일시: 2018년 10월 3~4주차 (월, 화 진행, 4일) 　(3) 결과물: 통합 제안서 1개 작성 및 임원 발표
	비용: 얼마 예산: 얼마
요청	**[주제 확정]** 제안서 작성 주제 선정 필요 **[임원 확정]** 제안서 2차 발표 시 심사 임원 선정 필요

요청 2건에 대해 **협의 가능한 시간대를 알려주시면, 찾아 뵙겠습니다.**
감사합니다.

○○○ 배상

항목별로 들여다보자.

이메일 제목: [미팅 결과 공유] 2018 하반기 '제안서 교육' 박신영 강사 미
팅 건

제목 앞에 이메일의 목적을 괄호 안에 명시해두면 그 성격을 쉽게 파악할 수 있어 좋다. 보고, 공유, 요청, 의뢰, 연락, 협의, 전달, 자료, 공지, 참조, 자료 요청, 설문 요청, 파일 첨부 등 주요 목적을 적고, 뒤에 이메일 키워드는 '○○의 ○○ 건', 즉 '주어의 서술어의 건'이라고 적으면 좋다. 앞의 예시는 '제안서 교육'을 위해 '박신영 만난' 건에 대해 쓰고 있으니 '2018 하반기 제안서 교육 박신영 강사 미팅 건'이라고 적었다.

혹은 어떤 건인지 분류하고 뒤에 요청 사항을 적는 경우도 있다.

이메일 제목: [2018 하반기 '제안서 교육' 예시 파일] 공유 요청

정해진 것은 없으니 각 조직에 맞게 쓰시라. 핵심은 이메일 제목을 키워드 위주로 쓰라는 것.

이것이 중요한 이유는 나중에 이메일을 검색해서 찾아야 하는 경우가 종종 생기기 때문이다. 만약 메일 제목이 '박신영이요~', '안녕하십니까?', '보고드립니다' 같은 식이라면 찾기 어려워 일일이 메일을 열어 내

용을 확인해야 한다. 속 터진다. 하루에도 많은 이메일을 주고받는다는 걸 배려한다면 꼭 제목에 '○○ 건'인지 명시하는 센스.

박신영이요~.

Vs.

〔첨부〕 A프로젝트 건 회의록.

혹은

〔A프로젝트 건 회의록〕 첨부드립니다.

같은 이유로 첨부 파일 보낼 때도 파일명을 '○○ 건_작성 날짜_작성자' 혹은 '○○ 건_주제_작성 날짜_작성자' 식으로 하면, 쉽게 찾을 수 있어서 좋다. 또한 버전이 여러 개라면, 맨 끝에 몇 번째 버전인지 적어두는 게 파일을 주고받는 입장에서 헷갈리지 않아서 좋다.

보고 관련.docx

Vs.

보고 간소화_보고서 분류_20200223_박신영_ver.3.docx

이메일 내용:

○○팀/ ○○ 대리님

안녕하세요?

○○팀 ○○○입니다. → *간단 인사*

〔2018 하반기 '제안서 교육' 박신영 강사 미팅〕 결과 공유드립니다.

→ *메일 작성 목적*

그리고 주저리주저리 적을 수도 있겠지만, 아래와 같이 **항목별 구조화**를 해서 보내면 더욱 보기 좋다.

미팅 개요	
협의 내용	
진행 세부	
요청	

구조화가 어려운 경우는 최소한 넘버링해서 작성하자. 글줄은 너무 읽기 힘들다.

1. 미팅 개요.

2. 협의 내용.

3. 진행 세부.

4. 요청 내용.

구조화해서 쓴 후, 이메일 맨 끝에 '그래서 결국 요청하는 게 뭔지' 정리해서 알려준 후 (○○해주세요, ○○답 주세요 등)

요청 2건에 대해 협의 가능한 시간대를 ──┐
알려주시면, 찾아 뵙겠습니다　　　　　　 └──▶ *결국 요청하는 게 뭔지 정리*

감사합니다　　　　　　　　　　　──────▶ *감사 인사 마무리*
○○ 배상

이렇게 정리할 수 있다.

즉, 이메일의 핵심은 〔내가 전하고 싶은 말〕 + 〔네가 해줘야 하는 일〕 이 2가지를 정리하는 것이다. 이걸 안 하면 길고 긴 메일을 읽고, '결국 나보고 어쩌라고? 뭐 하라는 거야?' 식으로 핵심을 되물어야 할 경우가 있다. 따라서 상대방이 이메일을 읽고 하길 바라는 행동을 "결국 당신이 해줘야 하는 일은 이것!"이라고 맨 끝에 밑줄 쳐서 보여줘야 한다. 물론 그 사람이 그 일을 진행할 마음이 생기도록 예의 바른 첫인사와 끝맺음 감사 인사는 당연히 함께한다. '다짜고짜'는 정말 싫다. 또한 이메일을 쓸 때, 생각나는 대로 글줄로 쓰게 되면 읽기 어려워질 가능성이 높다. 그러니 '의식해서 구조화할 것'을 강조하고 싶다. 만약 내가 알리고 싶은 게 하나 있고, 문의 사항이 3개가 있다면, "제가 알리고 싶은 것은… 그래서 여쭙고 싶은 것은…"이라고 글줄로 적기보다는 메일 앞부분에 "〈알림〉과 〈문의〉가 있어 이메일 드립니다"라고 정리한 후 구조화해서 적어야 한다. 예시를 보자.

안녕하십니까, 과장님.

○○팀 ○○라고 합니다.

다름 아니라 공지 및 문의가 있어 이메일 드립니다.

〈공지〉

1. 지난번 말씀하신 ○○ 계약서 원본 및 필요 자료 송부합니다. 기존에 20일로 말씀드렸으나 XX 건으로 빠르게 전달합니다.

〈문의〉

1. ○○프로젝트 ○○ 건으로 비용 처리하려는 데 문제가 없을지 확인 부탁드립니다.

2. 이하 생략.

3. 이하 생략.

질문은 위 3가지 입니다. 짧게라도 답변 주시면 감사하겠습니다.

이상입니다.

김성지 배상

7. 회의 보고서

"조금 전 회의 내용, 한 장으로 정리해 와."

이 말을 신입 사원 때 듣고 꽤 막막했던 기억이 있다. 그때 나는 노트북을 가져가서,

찰리: (잠시 상념에 잠겨) 그렇게는 못하겠습니다.

미루: (책상을 탁 치며) 그럼 어쩌자는 겁니까?

이런 식으로 법원 속기사처럼 혹은 시나리오 작가처럼 토씨 하나까지 다 따라 적어야 하는지 어째야 하는지 감이 잘 안 잡혔다. 이 또한 '회의 보고서의 핵심 질문이 뭔가?'를 생각하면 쉽다. (물론 토씨 하나까지 다 적어야 하는 게 회사 문화라면 그렇게 하시고 정해진 게 없는 경우 아래 방식을 따르면 된다.)

핵심 질문은 다음과 같다.

결국, 회의에서 어떤 결정이 있었어? 그래서 앞으로 뭘 하면 돼?

회의 보고는 최대한 팩트 위주의 보고서로 의견 개진은 필요 없다. 잘 쓴 회의 보고서란, 회의에 참가하지 않은 사람이 보더라도 '이런 결정이 있었고 → 이렇게 진행하면 되는구나'를 알 수 있는 것.

상사의 예상 질문	목차
왜 모였어? 누가? 언제? 어디서?	회의 목적 및 개요
무슨 이야기했어?	보고 사항
그래서 어떻게 하기로 했어?	협의 내용 및 후속 조치 (일정, 담당, 결과물 형식)
나는 뭘 해주면 돼?	요청

우선 왜 모였는지 회의 목적을 적는다. 그리고 각기 다른 부서가 모이는 회의의 특성상 누가, 언제, 어디서 모였는지 같은 기본적인 사항도 중요하므로 회의 개요를 항목별로 적어준다.

그리고 무엇에 대해 어떤 팀이 무슨 보고/ 발표를 했는지, 그에 대해 어떤 협의 내용이 있었는지 팀별, 항목별로 나눠 팩트 위주로 작성한다. 물론 핵심 키워드와 숫자 근거 위주로 써야 한다. 또한 결의 사항은 결정 사항과 미결 사항으로 나눠 표시한다. 그리고 회의란, 결국 일 '진행'을 위한 것이니, 일의 효율을 높이기 위해서는 후속 조치(follow-up) 진행의 3가지, 즉 후속 조치에 누가(담당자), 언제까지(마감일), 무엇을 해야 하는지(결과물의 형식)를 기록해두는 것이 중요하다. 이 3가지가 명확해야 회의장 나가는 순간부터 일의 진행이 시작될 수 있기 때문이다. 그리고 특별 요청 사항이 있을 경우 함께 적는다. (예: 공유 자료는 김린 대리에게 회의 전 17시까지 전송 부탁. 이메일 주소: ask@planningschool.co.kr)

또한 이렇게 정리된 한 장 회의록을 이메일로 보낼 때 보안 이슈를 고려해, 그 회의록을 공유받는 대상이 누구인지 명시하면 좋다. 만약 공유 대상자가 누구인지 헷갈리면, 나중에 무거운 책임 다 뒤집어쓰지 말고 배포 전에 의사결정자와 예의 갖춰 의논하자. (예: 이건, ○○부 ○○에게 공유해도 될까요?) 이제 '한 장 보고서 20'을 보자.

이어서 '한 장 보고서 21'을 통해, 항목별로 살펴보자.

A프로젝트 2차 회의록

2018. 02. 26. 영업부 김성지 대리

1. 회의 개요

목적	A프로젝트 진행 보고 및 후속 조치 점검
일시	2020. 02. 20.
장소	기획스쿨 빌딩 203호
참석자	영업부 김 부장, 영업부 김 대리, 마케팅부 박 부장, 마케팅부 서 차장, 기획부 이 부장

2. 보고 사항 (*발표 자료 첨부)

영업부	**[매출 현황 보고]** 매출 16억 (목표 대비 80% 수준)
마케팅부	**[소비자 반응 보고]** 1차 런칭 후 소비자 회원 가입 203명 (기존 대비 5% 증가)

3. 협의 내용 및 후속 조치

항목	결과물 형식	담당자	일정
신규 클라이언트 2차 제안서 작성 (결정)	제안서 5분 발표 *전날 자료 공유	영업부 김 부장	2020. 03. 13.
1차 소비자 반응 조사 (결정)	소비자 정성 조사 5분 결과 보고 *전날 자료 공유	마케팅부 박 부장	2020. 03. 13.
2차 런칭 시기 (미결) → 경쟁사 상황 스터디 후 결정	경쟁사 상황 분석 10분 보고 *전날 자료 공유	기획부 이 부장 (케이스 스터디 발표: 기획부 김 대리)	2020. 03. 17.

4. 요청

공유 자료 김린 대리에게 회의 전날 17시까지 전송 (이메일 주소)

○○ 건 회의록

회의록 작성 시기, 작성자 소속, 이름, 직급

1. 회의 개요: 무엇을 위해, 언제, 어디서, 누가 모였는지 간단 정리

목적	
일시	
장소	
참석자	

2. 보고 사항/ 주요 안건
회의에서 어떤 보고/ 발표가 있었는지, 주요 안건은 무엇이었는지
여러 팀이 모여서 하는 회의라면 팀별, 한 팀에서 하는 회의라면 개인별로 표를 나눠
각 항목에 따라 보고/ 공유/ 논의 내용 명사형 정리

○○부	**[○○ 건 보고]** 보고 내용 핵심 (수치, 결과 중심)
○○부	**[○○ 건 논의]** 논의 내용 핵심 (수치, 결과 중심)

3. 협의/ 결정 내용 및 후속 조치	항목	결과물 형식	담당자	일정
협의 내용별 담당자, 일정, 아웃풋 형식 정리				
각 항목별 결정/ 미결 표시,				
미결 건은→추후 진행 방안 기록				

4. 요청

추후 진행을 위해 요청 사항 있다면 정리

8. 결과 보고서

결과 보고서의 핵심 질문은 뭔가?

　결과가 어땠어? 괜찮았어?

결과가 좋았다면 크게 문제 없지만, 결과가 안 좋았다면 왜 좋지 않았
는지, 그럼 앞으로 어떻게 해야 할지를 알려야 한다.

상사의 예상 질문	목차
결과가 어땠어?	결과
왜 그런 결과가 나왔지?	원인
그래서 앞으로 어떻게?	후속 조치
나는 뭘 해주면 돼?	요청

뒤로 넘겨 '한 장 보고서 22, 23'을 살펴보자.

F사 158K 실주 보고

2018. 02. 26. 영업부 김성지 대리
프로젝트 진행 기간 : 2017. 06. 01.~2018. 02. 07.

1. 프로젝트 결과	지난해 6월부터 추진 중이던 F사 158K 10척(5+5) 수주 실패 → 경쟁사 H사 USD35,000,000/ Ship 수주
2. 원인	타 경쟁사 대비 원가는 다소 우위였으나 **1. 납기:** 선대 확보 부족으로 고객사 요구 **납기 충족 불가** **2. 브로커 성향:** F사 브로커의 **H사 제품 선호 경향**(추정)
3. 원인 세부 분석	**1. 납기** F사 요구 충족 불가한 상황 → F사 요구 납기 충족을 위해서는 현재 선대 재배치 불가피 → 타사들과 일정 조정 시도하였으나 모두 불가 방침 통보 F사는 3척 이상 요구 납기 미충족 시 발주 불가 방침 통보 **2. 브로커 성향** F사 브로커(Mr. Ma)의 H사 제품 선호 경향 → T프로젝트, Y프로젝트 참여 시 H사 제품 추천 경험
4. 후속 조치	'2. 브로커 성향' 파악을 위한 미팅 및 연락 필요 　(1) F사 브로커(Mr. Ma) 2주 내 미팅 추진 　(2) F사 1주에 1번씩 정기적 연락 및 옵션 물량 발주 동향 체크
5. 요청	1. 향후 10척 수주 입찰 대비 선대 배치 대응 전략 협의 필요

○○ 건의 어떤 결과 보고

날짜, 소속, 이름, 직급
프로젝트 진행 기간

1. 프로젝트 결과	**결과가 어땠어?** 어떤 건의 어떤 결과를 얻었는지 결론부터 명사형 정리 → 실패라도 최종 결과가 무엇인지 (타사가 어떻게 입찰 성공했는지) 정리
2. 원인	**왜 그런 결과가 나왔지?** 실패의 경우 어떤 원인이 있는지, 여러 개라면 항목별로 나눠 작성 추정한 원인인 경우 (추정)이라고 명시
3. 원인 세부 분석	**아니, 그거 미리 좀 준비 안 했어?** 앞에 이야기한 원인에 대해 어떤 협의/ 과정/ 이슈들이 있었는지 설명 원인이 여러 개였다면, 앞에 원인 넘버링에 맞춰서 세부 원인 정리
4. 후속 조치	**그래서 앞으로 어떻게?** 앞으로 다른 결과를 만들기 위해 누가/ 언제까지/ 어떻게 보완해갈지 정리 원인이 여러 개였다면, 앞의 원인 넘버링에 맞춰 보완점 정리
5. 요청	**내가 뭐 해줄 건?** 상사에게 요청할 사항/ 타 부서와 협의할 것 정리

또한 무엇의 '결과'를 보고하느냐에 따라 항목은 변주될 수 있다. 예를 들면 교육을 진행했을 때, 그렇게 돈을 많이 써서 교육을 했는데, 그 교육 후 '현업에 적용할 포인트는 무엇인지' 궁금할 수 있다. 이를 적용한 목차는 이렇다.

상사의 예상 질문	목차
무슨 건?	**교육 개요** 일정, 장소, 강사, 대상, 예산 대비 몇% 사용
결과가 어땠어?	**결과** 만족도 설문 결과
왜 그런 결과가 나왔지?	**원인** 작년 대비/ 타 교육 대비 평가 향상/ 하락 요인
앞으로 어떻게 적용?	**현업 적용 포인트** 앞으로 교육 진행 시 참고/ 개선 포인트
나는 뭘 해주면 돼?	요청

이렇게 상사의 질문, 궁금증을 더해 항목을 재구성할 수 있다. 결국 정해진 목차를 지키는 게 중요한 게 아니라, 상사의 궁금증에 대답을 하는 것이 보고서의 본질이기 때문이다.

보고서 형식

이번에는 보고서 형식(폰트, 색상, 글머리 등)을 체크해보자. 팀원 모두 제각각의 보고서 형식을 쓰고 있다면, 각자 고민하느라 고생이 많을 거다. 형식 고민할 시간에 본질을 고민하도록 대표 형식을 정해놓으면 서로 편하다. 또한 '서로 보기 익숙한 형식'을 만들어두면 업무 효율을 높일 수 있다. 내가 추천하는 형식은 다음 페이지의 '한 장 보고서 24'와 같다.

또한 형식 관련 다음 5가지 내용도 정리하려 한다.

1. 넘버링

넘버링은 1, 2, 3 → (1), (2), (3) → 1), 2), 3)으로 통일하자. 공무원이 쓰는 한글 보고서에는 약물 기호가 자주 쓰이지만, 더 많은 사람이 공통적으로 빨리 쓰기엔 일일이 찾아야 하는 기호보다 바로 쓸 수 있는 숫자가 좋다.

2. 항목 나누는 괄호 〔 〕

그냥 주저리주저리 글줄로 쓰기보다는 앞에 〔 〕로 항목을 나눈 후 세부 내용을 적어주면 이해가 쉽다. 공무원 한글 문서에서는 앞에 ( )를 많이 쓰지만, 보통 기업에서 ( )는 앞의 내용을 부가 설명할 때 자주 사용하기 때문에 〔 〕를 앞에 쓰는 걸 더 추천한다.

<u>제목: 고딕 16포인트, 굵게, 밑줄</u>

부제: 고딕 10포인트

날짜, 소속, 이름, 직급: 고딕 8포인트

1. 고딕 10포인트	1. **[항목 고딕 10포인트 굵게]** 세부 고딕 10포인트 (숫자, 근거) 　(1) 세부 설명 중 강조해야 한다면 강조 색 하나만 협의해서 정할 것. 　　1) 　　2) ※ 출처 적을 때: 고딕 8포인트
2.	**<u>핵심 키워드 고딕 12포인트, 굵게, 밑줄</u>** 그 외에는 고딕 10포인트

3. 글씨 크기 4가지

본문, 부제는 10포인트.

강조해야 할 핵심 키워드는 12포인트.

제목은 16포인트.

레퍼런스 출처는 8포인트.

글자 표에 내용이 많이 들어가 자간 조절이 필요할 때는

글꼴(단축키: Ctrl+D) → 고급 → 간격 표준 → 좁게 혹은 장평 100%를 80~90%로 조절하기.

4. 강조 색 하나

워드 문서에서 '표준 색' 가장 앞에 있는 빨강 추천.

5. 구조화 표

① 최대한 디자인 배제한 기본 스타일 + 양쪽 트인 표.

② 표 선 굵기도 기본 설정된 1/4포인트.

③ 강조 선은 3포인트, 빨강. 그래프나 도형의 포인트도 빨강.

④ 음영이 필요한 칸은 회색, 그 외 도형 그림자 등 도형 효과 금지.

'그냥 쓰면 되지, 꼭 표로 한 장 보고서를 써야 하는가?'라고 묻는다면, 다음 두 장의 보고서(한 장 보고서 25, 26)를 비교해보고, 더 눈에 들어오는 걸 사용하길 추천한다. 나는 표가 눈에 훨씬 잘 들어와서 표 형식으로 쓰는 걸 권한다.

이상, 지금까지 8개 보고 구조를 살펴봤다. 구조의 맥락은 차용하되, 회사마다 기관마다 더 친근하게 사용하는(상사가 선호하는) 용어가 다르니 선배에게 물어보거나 기존 보고서를 살펴보며 쓰시라. 잘 알아듣게 하는 언어가 일 잘하는 언어니까.

F사 158K 실주 보고

2018. 02. 26. 영업부 김성지 대리
프로젝트 진행 기간: 2017. 06. 01.~2018. 02. 07.

1. 프로젝트 결과

지난해 6월부터 추진 중이던 F사 158K 10척(5+5) 수주 실패
→ 경쟁사 H사 USD35,000,000/ Ship 수주

2. 원인

타 경쟁사 대비 원가는 다소 우위였으나
  (1) **납기**: 선대 확보 부족으로 고객사 요구 **납기 충족 불가**
  (2) **브로커 성향**: F사 브로커의 **H사 제품 선호 경향**(추정)

3. 원인 세부 분석

  (1) **납기**
  F사 요구 충족 불가한 상황
  → F사 요구 납기 충족을 위해서는 현재 선대 재배치 불가피
  → 타사들과 일정 조정 시도하였으나 모두 불가 방침 통보
  F사는 3척 이상 요구 납기 미충족 시 발주 불가 방침 통보
  (2) **브로커 성향**
  F사 브로커(Mr. Ma)의 H사 제품 선호 경향
  → T프로젝트, Y프로젝트 참여 시 H사 제품 추천 경험

4. 후속 조치

'(2) 브로커 성향' 파악을 위한 미팅 및 연락 필요
    (1) F사 브로커(Mr. Ma) 2주 내 미팅 추진
    (2) F사 1주에 1번씩 정기적 연락 및 옵션선 발주 동향 체크

5. 요청

    (1) 향후 10척 수주 입찰 대비 선대 배치 대응 전략 협의 필요

F사 158K 실주 보고

2018. 02. 26. 영업부 김성지 대리
프로젝트 진행 기간: 2017. 06. 01.~2018. 02. 07.

1. 프로젝트 결과	지난해 6월부터 추진 중이던 F사 158K 10척(5+5) 수주 실패 → 경쟁사 H사 USD35,000,000/ Ship 수주
2. 원인	타 경쟁사 대비 원가는 다소 우위였으나 **1. 납기:** 선대 확보 부족으로 고객사 요구 **납기 충족 불가** **2. 브로커 성향:** F사 브로커의 **H사 제품 선호 경향**(추정)
3. 원인 세부 분석	**1. 납기** F사 요구 충족 불가한 상황 → F사 요구 납기 충족을 위해서는 현재 선대 재배치 불가피 → 타사들과 일정 조정 시도하였으나 모두 불가 방침 통보 F사는 3척 이상 요구 납기 미충족 시 발주 불가 방침 통보 **2. 브로커 성향** F사 브로커(Mr. Ma)의 H사 제품 선호 경향 → T프로젝트, Y프로젝트 참여 시 H사 제품 추천 경험
4. 후속 조치	'2. 브로커 성향' 파악을 위한 미팅 및 연락 필요 　(1) F사 브로커(Mr. Ma) 2주 내 미팅 추진 　(2) F사 1주에 1번씩 정기적 연락 및 옵션선 발주 동향 체크
5. 요청	1. 향후 10척 수주 입찰 대비 선대 배치 대응 전략 협의 필요

보고 문장 tip 10

① 개조식

보고서 문장은 문학적 글쓰기가 아닌 '전달 효율'을 우선시하는 '실용적 글쓰기'이기에 특유의 간결한 문장력이 요구된다. 다행인 것은 타고남을 무시 못 하는 문학적 글쓰기와 달리, 실용적 글쓰기는 훈련하면 쉽게 익힐 수 있다는 것. 관련 내용을 10가지로 나눠 살펴보자. 9개의 문장 팁과 1개의 추가 보고 센스를 정리했다.

우선 너무 긴 글은 잘 읽히지 않으니 전달 효율을 높이기 위해 보고서는 개조식으로 써야 한다.

개조식이 뭔가? 사전적 의미는 다음과 같다.

글을 쓸 때에, 앞에 번호를 붙여가며 짧게 끊어서 중요한 요점이나 단어를 나열하는 방식.

개조식에 대한 정의를 개조식으로 쓴다면

글을 쓸 때에,

1. 앞에 번호 붙이기.

2. 짧게 끊어 쓰기.

3. 요점 위주 작성.

4. 단어 나열.

바로 이렇다. 더 쉽게 이해하기 위해 누구나 아는 노래 「둥근 해가 떴습니다」를 개조식으로 쓴다고 생각해보자.

〔원래 노래 가사〕

둥근 해가 떴습니다

자리에서 일어나서

제일 먼저 이를 닦자

윗니 아래 이 닦자

세수할 때는 깨끗이

이쪽 저쪽 꼭 닦고

머리 묶고 옷을 입고

거울을 봅니다

꼭꼭 씹어 밥을 먹고

가방 메고 인사하고

유치원에 갑니다

씩씩하게 갑니다

〔개조식〕

유치원 가기 전 해야 할 일 8개

1. 양치질.

2. 세수.

3. 머리 묶기.

4. 옷 입기.

5. 거울 보기.

6. 꼭꼭 씹어 밥 먹기.

7. 가방 메기.

8. 인사하기.

이렇게 정리 가능하다. 이걸 좀 더 보완하는 방법은 뒤에서 이어서 살펴보고 우선 차근히 하나하나 생각해보자.

Q. 내 보고서는 읽기 힘든 글줄인가? 보기 쉬운 개조식인가?

❷ 범주화

앞의 예시는 2% 부족하다. 그 2%를 채우기 위해 범주화도 필요하다. 범주화란 무엇인가?

범주: 동일한 성질을 가진 부류나 범위.

사전적 정의대로 동일한 성질의 부류나 범위로 묶어주는 걸 뜻한다.

앞에 나열된 '유치원 가기 전 해야 할 일 8개'를 어떻게 묶을 수 있을까?

우선 공간별로 묶을 수 있다. 화장실에서 해야 할 일이 있고, 옷장 앞에서 해야 할 일이 있고, 거실에서 해야 할 일이 있으므로.

[유치원 가기 전 해야 할 일 8개]

공간별 분류

1. 화장실: 양치질, 세수.

2. 옷장 앞: 머리 묶기, 옷 입기, 거울 보기.

3. 거실: 밥 먹기, 가방 메기, 인사하기.

시간별로도 분류할 수 있다.

[유치원 가기 전 해야 할 일 8개]

시간별 분류

시간	할 일
08:00~08:10	양치질, 세수
08:10~08:20	머리 묶기, 옷 입기, 거울 보기
08:20~08:40	밥 먹기, 가방 메기, 인사하기

또한 'To do list' 항목이 많을 때, 최우선으로 해야 할 우선순위 과제가 무엇이냐로 범주화할 수 있다. 예를 들면, 벗고 갈 순 없으니 옷은 꼭 입어야 하고, 인성 교육을 위해 인사도 우선순위로 분류, 양치질과 세수는

유치원 가서도 할 수 있으니 두 번째로 분류하는 등 부모와 자식이 협의한 순서대로 다음처럼 구분할 수 있다.

〔유치원 가기 전 해야 할 일 8개〕

우선순위 분류

가중치	할 일
우선순위	옷 입기, 인사하기, 밥 먹기
권장 사항 (집에서 못 하면 유치원에서 하기)	양치질, 세수, 거울 보기, 가방 메기
생략 가능	머리 묶기

보고서 작성 시 위의 예시처럼 범주화하면 훨씬 보기 좋다.

- 공간별 분류: A,B,C

- 시간별 분류: 시간 단위, 과거/ 현재/ 미래, 적용 전/ 적용 후

- 긍정/ 부정 분류: 장단점

- 가중치 분류: 우선순위, 주력/ 비주력, 의무/ 선택 사항

개조식과 범주화를 합친다면 다음처럼 정리할 수 있다.

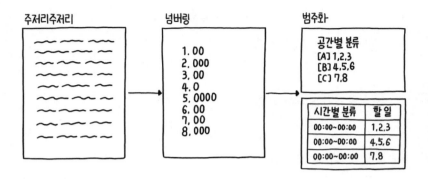

이번에도 생각해보자.

Q. 내 보고서는 단순 나열인가? 범주화(동일 항목 묶기)가 되어 있는가?

❸ 쪼개기

앞의 범주화가 우후죽순 나열된 정보를 의미 있게 묶어주는 것이라면, 너무 두루뭉술한 것을 쪼개주는 것도 보고서에 요구되는 역량이다. 쉽게 생각해, 앞의 노래에서 "제일 먼저 이를 닦자 윗니 아래 이 닦자" 부분이다.

1. 양치질
　① 윗니
　② 아랫니

양치질이란 두루뭉술한 개념을 각 위치에 따라 쪼개어 설명한 것이다.

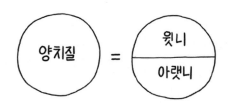

내가 좋아하는 「집사부일체」란 TV 프로그램에서 개그맨 양세형이 함께 출연하는 탤런트 이상윤에게 "최근에 무슨 반성 했어요?"라고 묻자 물리학도 이상윤이 날카롭게 되묻는다. "큰 반성? 작은 반성?" 이렇게 쪼개는 게 습관화되어 있으면 정확한 의사소통이 가능하다.

예를 들어,

'성장'이라는 목표를 세운다고 할 때

    1. 질적 성장.

    2. 양적 성장.

으로 나눌 수 있고,

    1. 내부적 성장.

    2. 대외적 성장.

으로 나눌 수도 있다.

  1. 단기적 성장.

  2. 장기적 성장.

으로도 나눌 수 있다.

쪼개기에 따라 액션 플랜이 달라지는 것이다.

예를 들어,

  '대책'

이라고 두루뭉술하게 쓴 것보다는

  1. 단기적 대책.

  2. 근본적 대책.

이라고 쪼갠다면, 해야 할 일을 더 정확하게 정리할 수 있다.

쪼개기를 잘하면 문제 원인 찾기에도 도움이 된다. 예를 들어,

  문제: 매출 감소.

덩그러니 쓰여 있으면 무엇부터 해야 할지 막막하다. 그때 '매출＝방문 수×결제율×객단가'로 나눠 각각의 관점에서 점검해보는 거다. 아하, 결제율, 객단가는 괜찮지만 방문 수가 지난 달 대비 낮아졌다는 게 발견된다면, 핵심 문제(원인)는 '낮은 방문 수'이니 이걸 높이기 위해 '방문 수 높이기'에 집중해야 한다. 방문하는 사람들 신규/ 기존 고객으로 또 쪼개면 '1. 신규 고객 방문 수, 2. 기존 고객 재방문 수'를 높이는 방안을 각각 짤 수 있다. 혹은 매출에 영향을 끼치는 요소 상품×점원×매장으로 나눠볼 수도 있다. 최대한 다양한 항목으로 쪼개보며 원인과 대책을 찾는다.

앞에 살펴본 항목별 쪼개기와 더불어 많이 사용되는 건 과정 쪼개기다. 한 장 보고서 쓰기를 실행하자!

'실행!'이란 단어에 얼마나 많은 의미가 담겨 있나.

우선 간단히 4가지로 나눈다면, '[계획] 먼저 한 장 표준안을 무엇으로 할지 정한 다음 → [실행] 실제로 써보고 → [평가] 현업에서 적용 어려움, 이슈 등을 피드백 받아서 → [보완] 개선해나가는 과정'이 필요하다. 이에 따른 일정, 담당자, 예산 등도 필요할 것이고.

이렇게 쪼개기를 잘하면 일도 훨씬 효율적으로 할 수 있다. 보고서가 반려되었을 때, 그냥 전체적으로 다 싫다는 건지, 아니면, A, B는 괜찮은데 C가 문제라는 건지 센스 있게 체크한다면, 일을 전체적으로 다 다시 해야 하는 필요 이상의 헛수고를 줄일 수 있다. "A, B가 괜찮으시면 몇 일에 C 중심으로 다시 보고드릴까 하는데 괜찮을까요?"라며 명확하게 상사와 의견을 조율할 수 있고, 이는 일의 효율을 높인다.

이렇게 상황에 맞게 쪼갤 수도 있고, 이미 쪼개어진 '프레임'을 활용할 수도 있다. 그냥 말하는 것보다 프레임에 맞춰 이야기하면 중복과 누락 없이 정리하기에 좋다.

가장 대표적인 프레임이 육하원칙이다.

예를 들어, 누군가 "어제 뭐 했어?"라고 물었을 때, 그냥 주저리주저리 대답할 수도 있지만, 육하원칙에 맞게 답할 수도 있다.

예를 들어 "꼰대가 뭐예요?"라고 질문받았을 때, 장황하게 답할 수도 있지만, SNS에서 깊은 공감대를 얻으며 널리 퍼진 다음 글처럼 육하원칙에 따라서도 설명할 수 있다.

응. 이 6가지 이야기를 하는 사람이야.

Who? 내가 누군지 알아?

What? 뭘 안다고?

Where? 어딜 감히,

When? 왕년에,

How? 어떻게 나한테,

Why? 내가 그걸 왜?

앞서 살펴본 「둥근 해가 떴습니다」를 〔What 결론, Why 근거, How 진행〕 프레임에 맞춰 정리한다면 아래와 같다.

1. 결론:

〔유치원 가기 전 시간표대로 8가지 하기〕

2. 근거:

〔지각 방지〕 정해진 대로 하면 시간 절약.

〔누락 방지〕 해야 할 일 빠뜨릴 위험 없음.

3. 진행:

시간	할 일
08:00~08:10	양치질, 세수
08:10~08:20	머리 묶기, 옷 입기, 거울 보기
08:20~08:40	밥 먹기, 가방 메기, 인사하기

프레임을 가지고 말하면 훨씬 명쾌하고 논리적으로 보여져, 상대에게 신뢰감을 줄 수 있다.

Q. 내 보고서는 두루뭉술한가? 날카롭게 쪼개기가 되어 있는가?
  글줄로 이야기하고 있나? 프레임을 가지고 이야기하고 있나?

4

제목

회사 일은 대부분 '돈이 든다.' 그래서 뭔가 하려면 '무엇을 위해' 돈을 쓰는지 명분이 있어야 한다. 그래서 제목에 '무엇을 위해'라는 명분을 넣어주면 좋다.

예를 들어보자.

〔유치원 가기 전 해야 할 8가지〕

이 제목은 좀 한가해 보일 수 있다. 때론 상사 스타일에 따라 왜 저 8가지를 해야 하는지 명분을 적어줘야 할 때가 있다. 즉, 이걸 하는 목적이나 목표가 필요하다. 목표 작성에 대해 '징하게' 들었지만, 실제로 잘 사용하지 않는 'SMART'란 개념이 있다.

목표는 아래 5가지 차원에서 검토되고 작성되어야 한다.

구체적(Specific)

측정 가능(Measurable)

달성 가능(Achievement)

결과 창출(Result)

기간 명시(Time)

그렇다면 만약, 아침에 일어나서 뭘 해야 할지 몰라 빈둥거리다가 늘 지각하는 아이를 위해서 '뭘 해야 할지를 알려줌으로써 지각을 줄인다'라는 목표를 가지고 앞의 노래를 만든다고 가정해보자. 달성 가능한 목표를 수립해,

지각률 50% 줄이기 위한 기상 후 'To do list 8'

이라고 정리할 수 있을 것이다.

혹은, 이제 유치원에 가기 시작한 딸에게 '좋은 습관'을 길러주기 위해 엄마가 이 노래를 만들었을 수도 있다. 일반적으로 습관이 형성되는 데는 21일이 소요된다고 하니,

21일간 아침 습관 만들기 위한 기상 후 'To do list 8'

이라고 기간을 명시해도 되겠다. 한가하게 쓰여진 명분 없는 제목이 있다면 'SMART' 개념을 기억하여 이를 바꿔보는 훈련을 해보자.
그래서 앞서 설명했듯 제목도,

'건강 경영' 제안

↓

의료비 감소 위한 '건강 경영' 제안

↓ (감소되는 의료비 계산하여)

사내 의료비 10% 감소 위한 '건강 경영' 제안

으로 측정/ 달성 가능 목표 숫자를 넣어 구체화할 수 있는 것이다.

기획력 과정 제안

↓

개인 제안서 작성 역량 강화 제안

↓

이틀 만에 1인 1제안서 작성 교육 제안

목표가 들어가면 상대방 입장에서 솔깃하다. 목표에는 상대가 〔읽어야할 이유 + 얻을 수 있는 이익〕이 들어 있기 때문이다.

하지만 제목이 너무 길어지는 경우, 그리고 수많은 보고서를 검토하는 입장에서 '이게 무슨 건이야?' 하고 헷갈리는 경우는 큰 제목으로 보고서 항목을 분류해주고, 부제에는 보고서의 목표와 이익을 숫자를 이용해 써주면 된다.

건강 경영 제안

- 사내 의료비 10% 감소 방안 중심으로.

2분기 교육 제안

- 1인 1제안서 작성 역량 강화를 중심으로.

Q. 내 보고서는 한가한 정보를 담고 있는가? 명분 있는 목표/ 얻을 수 있는 이익을 담고 있는가?

명사형 정리

보고서는 개조식 문장으로 짧고 명확하게 써야 하므로 가능한 조사도 생략하고, '~함, ~임, ~됨' 등의 평서형 종결 어미도 생략한다. 무슨 말인가 하면 다음과 같이 조사를 다 넣어 쓰지 않아도 된다는 것이다.

유치원 가기 전 해야 할 8가지.

Vs.

유치원에 가기 위해서 그 전에 해야 하는 8가지.

또한 '~임'을 붙이지 않아도 된다.

유치원 가기 전 해야 할 8가지.

Vs.

유치원 가기 전 해야 할 8가지임.

시제를 나타낼 때는 필요하지만, 그게 아니라면 간단한 명사형 마무리를 더 추천한다. 이 문장 또한 다음처럼 바꿀 수 있다.

짧은 개조식 문장으로 써야 한다면 명사형 마무리를 더 추천함(X)

Vs.

짧은 개조식 문장 작성 시 명사형 마무리 추천(○)

다음 3가지를 기억하며 써보시라.

  1. ~함, ~임, ~됨 빼고,

  2. 조사 빼고,

  3. 명사형 마무리.

훨씬 짧아지고 명확해진다.

Q. 내 보고서는 조사와 종결 어미 등으로 가득한가? 명쾌한 명사로 정리되어 있나?

6 객관적 근거

보고는 소설이 아니므로 객관적 표현을 기반으로 작성해야 한다.
'객관적'의 뜻을 찾아보면 다음과 같다.

자기와의 관계에서 벗어나 제3자의 입장에서 사물을 보거나 생각하는, 또
는 그런 것.

내 생각, 내 감정만을 이야기하는 것은 1차적이므로 제3자의 입장에서
의 어떤 것, 예를 들면 다음의 3가지가 필요하다.

1. 구체적 데이터 제시

매출이 매우 좋았다 → 매출이 작년 대비 30% 증가

몸이 차면 건강에 안 좋다 → 체온 1도 내려가면 면역력 30% 떨어진다

2. 비교 기준 제시

① 항목별 대비

이는 매우 높은 수치로

→ 이는 선진국 5개 비교 시 2위에 해당하는 매우 높은 수치로

② 시간별 대비: 전년 대비, 동기 대비 등

이는 상당히 좋은 결과

→ 지난해 동기 대비 23% 높은 좋은 결과

3. 판단 기준 제시

① 절대량의 데이터 기반: 통계, 설문 등

긍정적 반응 얻음

→ 100명 대상 설문조사 결과 '72% 매우 긍정적' 만족감 표현

정량적인 데이터가 없을 경우, 정성적인 데이터

② 권위 있는 출처/ 데이터 기반

2018년 매출 증가 예상

→ ○○의 『반도체 산업 전망 보고서』에 따르면 매출은 30% 증가 예상

내 생각에 이렇다

→ 이쪽 권위자 ○○에 따르면/ 책 ○○에 따르면/ ○○ 박사에 따르면 이

렇다

③ 케이스 스터디, 누적된 사례들

이게 효과가 있다

→ A, B, C의 사례에서 효과가 입증되었다.

④ 증언

의미 있는 기능이다

→ 30여 명의 소비자 증언/ 시연/ 인터뷰에 따르면

⑤ 제도, 규정

이렇게 해야 한다

→ ○○ 규정에 따르면 이렇게

물론 객관적이라고 다 진실인 건 아니다. 제3자의 입장에서 옳게 보여

도 인간의 시각 자체가 부분적이고 불완전하기 때문. 그럼에도 불구하고 1차적으로 이야기하는 것보다는 의미 있다. 보고는 결국 제3자에게 전달되기 때문에 제3자적 입장에서도 납득될 근거를 제시하는 것은 필수다. 보고받는 입장에서는 100마디 말보다 1개의 객관적 근거를 더 듣고 싶다.

Q. 내 보고서는 주관만 가득한가? 객관적 자료가 탄탄히 뒷받침되어 있는가?

⑦ 숫자와 그래프

회사는 숫자로 움직인다. 그러니 회사를 움직이는 보고서엔 숫자가 필요하다.

1. 숫자로 쓰기

보고서에 존재하는 부사, 형용사는 숫자로 바꿔야 한다.

아침에 일어나서 꽤 많은 일을 해야 한다.

꽤 많은 일 → 8가지 일

다소 낮은 매출 → 2억 5,000만 원의 매출

또한 숫자는 말을 명확하게 해준다.

"이런 것도 좋고, 저런 것도 괜찮아. 참 그런 것도 괜찮더라?"라고 주저리주저리 말이 나올 때, 이야기할 것이 몇 개인지 헤아려 "3가지 관점에서 좋아. 첫째는…"이라고 의식적으로 말하길 훈련한다면, 상대방 입장에서 덜 지루하고 명확하게 느껴질 거다.

2. 숫자로 비교하기

숫자만 덩그러니 보면 그 자체만으로는 '그게 어쨌다고? 많다는 거야, 적다는 거야? 늘리자는 거야, 줄이자는 거야?' 싶을 때가 많다. 그때 비교가 필요하다. 보고서에 가장 많이 쓰는 것은 시간 흐름에 따른 비교다.

매출 10억 → 매출 전년 대비 10% 감소

'10억이 어쨌다는 건가?' 싶은데, 아, 작년 대비 감소했다면 문제다 싶다.

매출 10억 → 매출 경쟁사 대비 10% 낮은 수준

'10억이 어쨌다는 건가?' 싶은데, 아, 경쟁사랑 비교했을 때 낮은 수준이라면 문제구나 싶다.

3. 문제는 돈으로 환산하기

만약 보고서에 '이런 컴플레인이 들어왔다'라고 문제만 기록되어 있으면 크게 와닿지 않는다.

하지만 이 컴플레인의 부정적 홍보 효과를 돈으로 계산한다면,

1개 컴플레인이 A사이트에서 노출된 횟수 103건

= 잠재적 103명의 후원자에 영향

= 103명 x 3만 원 x 12개월 = 3,708만 원

1개의 컴플레인.

Vs.

"1년에 약 3,700만 원의 손해를 끼치는 1개의 컴플레인."

손해가 숫자로 정확하게 보이니 문제 중요도에 대한 체감이 달라지는 것이다.

따라서 보고서는 궁극적으로 재무적인 관점(비용–편익)에서 작성되어야 한다. 결국 돈을 더 벌 수 있는가, 혹은 덜 쓰면서 유지할 수 있는가가 관건이다. 그래서 나의 제안이 다음 3가지 중 어떤 효과를 주는지를 생각해보고 정리해보자.

1. 수익 창출. (매출)

2. 비용 절감. (원가)

3. 기회 비용 최소화. (예상 손실 최소화)

Q. 내 보고서는 부사, 형용사가 가득한가? 숫자＋비교＋돈(재무적 관점)으로 명확하게 정리되어 있나?

4. 숫자 표기 방식

숫자에 대해 이야기하니 숫자 표기 방식도 체크해보자. 우선 표준안을 찾아보았다. 추천 표기는 다음과 같지만, 이 또한 회사의 스타일이 있다면 그걸 우선적으로 따를 것을 권한다.

우선 국립국어원 '한눈에 알아보는 공문서 바로 쓰기'에 나오는 날짜, 시간 표기법이다.

1. 날짜
연, 월, 일 글자 생략 → 마침표 표시, 숫자 각각 띄어쓰기

〔예시〕 2020년 2월 2일 → 2020. 2. 2./ 2020. 2. 2.(금)

연, 월, 뒤에는 마침표를 찍지만 일 뒤에는 생략하는 경우가 많은데 일 뒤에도 마침표를 붙여야 한단다. 만약 2020년 2월 2일을 '2020. 2. 2'로 맨 뒤의 마침표를 줄이는 것은 '2020년 2월 2'라고 쓰는 것과 같다고 한다. 즉 쓰다 만 것과 다름 없다는 소리. 또한 마지막에 마침표를 찍지 않으면 다른 숫자가 덧붙어 변조될 우려도 있기에 꼭 쓸 것을 권하고 있다.

2. 날짜 줄일 때

작은 따옴표 뒤의 것을 써서 줄여 표기 가능.

　〔예시〕 2020. 2. 2. → '20. 2. 2.

3. 기간 명시할 때

물결표(~) 혹은 붙임표(-) 사용.

　〔예시〕 '20. 2. 2.~'20. 2. 4.

'20. 2. 2.~4. (중복되는 부분 생략 가능)

4. 시간

시, 분 글자 생략 → 쌍점 구분

　〔예시〕 12시 12분 → 12:12

5. 금액

천 원 단위에, 콤마 구분

　〔예시〕 113560원 → 113,560원

단, 천 원 단위에 콤마 구분을 하는 것도 영어권은 단위가 1,000배마다 바뀌어 의미 있으나, 우리나라는 만 배마다 이루어져 의미 없다는 주장도 있다.

공문서 및 계약서에는 숫자 뒤 괄호를 넣어 한글로 다시 표기할 것을 권한다. 숫자 오타 방지를 위해서다.

　〔예시〕 금113,560원(금일십일만삼천오백육십원)

하지만 이건 일반 기업에서 흔한 상황은 아닌 듯하다.

워낙 여기저기에서 쓰는 기준이 달라서 표준안을 근거로 정리해보았다. 전체적인 내용을 보고 싶다면 행정안전부 홈페이지의 '정책자료_간행물_2016행정업무 운영편람 중 문서작성법 일부 수정 게시', 혹은 국립국어원 자료 찾기 메뉴에서 '2016년 한눈에 알아보는 공공언어' 파일을 다운로드하면 된다.

숫자 이야기가 나온 김에 숫자를 효과적으로 보여주는 그래프를, 보고서에 자주 쓰이는 3가지 유형으로 살펴보자.

내가 나타내야 할 숫자(데이터)가 있어야 하고, 그걸 비교 유형으로 보여줄 때, 다음 표의 3가지를 사용한다.

그래프 유형

그래프 유형

	항목 비교 : 동일 시점의 항목 비교	시간 비교 : 동일 항목의 시간 비교	구성 비교 : 한 항목의 구성 비율 비교
예시	- 자사 순이익은 동종업계 A, B보다 낮은 3위	- 자사 순이익은 지난 3년간 12% 증가세	- C제품은 자사 전체 매출액 중 가장 낮은 비중 12%
그래프 유형			

이렇게 각각 쓰이기도 하고 복합적으로도 사용된다.

예를 들어, 자사 제품 매출이 시간에 따라 증가 중이지만, 항목 비교를 통해 경쟁사랑 비교했을 때 매우 낮은 수치임을 발견한다면, 이는 '매출 증가!'라고 마냥 크게 기뻐할 수 없는, 큰 의미 없는 증가일 수 있다. 복합적으로 보면 문제가 더욱 잘 드러난다. 이럴 때는 시간에 따른 항목 비교를 합쳐 다음 유형의 그래프로 그릴 수 있다.

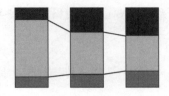

이해가 쉬운 그래프 그리기

그럼 잘 보이는 그래프 그리는 방법에 대해 살펴보자. 이건 디자인에 관한 이야기가 아니라 메시지에 대한 이야기다. 숫자 자체보다 숫자를 통해 메시지를 전달해야 하기 때문.

아래와 같이 정확한 로 데이터(raw data)가 있다.

1) 로 데이터

연도별 거북목 증후군

구분		2011년	2012년	2013년	2014년	2015년	2016년	연평균 증가율 (%)
진료실 인원 (천 명)	계	2,397	2,472	2,502	2,572	2,608	2,696	2.4
	남성	994	1,036	1,061	1,095	1,121	1,163	3.2
	여성	1,403	1,437	1,441	1,476	1,487	1,533	1.8

내가 함께했던 상사 중에는 이렇게 숫자 하나하나 다 확인하길 원하는 사람도 있었다. 그럼 이대로 가져가는 게 맞다. 하지만 "눈에 안 들어오

잖아!" 하는 경우, 혹은 숫자 하나하나보다 큰 흐름을 보길 원하는 경우, 수정을 원한다면 다음처럼 할 수 있다.

2) 그래프

'MS 워드 〉 삽입 〉 차트 〉 세로 막대형'에 들어가서 정직하게 그린 데이터이다.

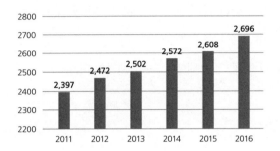

5년간 시간의 흐름에 따른 증가를 보여주는 것이니 꺾은 선 그래프로도 고쳐볼 수 있다.

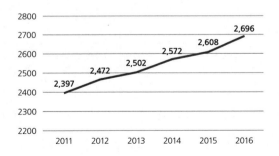

이걸 보고 있으면 어쨌다는 건가?(So what?) 싶다. 이건 그냥 숫자, 그래프에 불과하다. 마치 기억, 니은, 디귿을 나열해놓은 느낌. 누군가 "5년간 추세가 이래. 네가 알아서 봐"라고 하는 느낌이다.

우리가 기억해야 할 것은, 숫자만 말할 것이 아니라 '이 숫자를 통해 무엇을 말할 것인가(Message)' 하고 메시지를 생각해야 한다는 점이다.

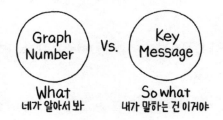

그래서 키 메시지(핵심 메시지)를 추가해야 한다. "5년간 30만 명이나 증가한 건 매우 위험한 상황이라는 거야!"라고 말하고 싶다면.

3) 그래프 + 키 메시지
내가 말하고 싶은 키 메시지를 키포인트 색깔로 그래프 옆에 넣는다.
단위도 일반인에게 더 친근한 만 단위로 바꿨다.

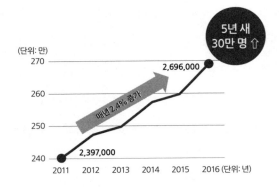

또한 눈에 더 잘 들어오도록 엑셀이 그려주는 대로 가만히 두기보다는 3가지 요소를 가공했다.

① 단위 구분 선 줄이기

기존의 7개 구분 선을 4개로 줄여 눈에 잘 들어오게 했다.

(구분 선 줄이기: 축 우클릭 후 '축 서식' 선택 → '최대값, 최소값, 주 단위' 변경)

② 선택적 숫자 표기

모든 축에 숫자 표기가 필요할 때도 있지만, 여기에서는 5년 새 증가세를 보여주는 게 핵심이니 5년 전후 숫자만 표기했다.

(숫자 표기가 필요한 부분 두 번 클릭 → 우클릭 후 '데이터 레이블' 추가)

③ 화살표 추가

증가세를 강조하기 위해 화살표를 추가했다.

혹은 매년 증가세보다 5년간 증가세, 즉 큰 흐름만 알아도 되는 경우라면, 딱 내가 보여주고 싶은 것, 즉 '얼마에서 → 얼마로 = 이렇게 됨'과 같은 형식으로, 다음처럼 더 간단히 그릴 수 있다. 그러면 메시지가 더욱 선명해진다.

하지만 앞서 말했듯 숫자의 정확성을 요구하는 상사의 경우 이는 맞지 않다.

그래서 다음처럼 정리한다.

a. 상사 스타일에 맞추기.

  – 상사가 한눈에 보기 좋은 걸 원한다면.

b. 이 그래프에서 '하고자 하는 말이 뭐지?' 생각 후, 그 외에는 삭제하여 메시지 명확하게 그리기.

c. 상사의 추가 질문 대비하여 로 데이터 첨부하기.

  같은 맥락에서 그래프에 색이 많으면 키 메시지가 사라지므로 강조하고 싶은 것에 키 컬러 사용 후, 그 외의 구성 항목에는 다 무채색으로 명도만 바꿔 쓴다. 그리고 그래프 우측 하단에 출처를 꼭 쓴다.

Q. 내 보고서의 숫자들은 의미 없이 존재하나? 키 메시지가 있는가?

⑧ 구어체 Vs. 문어체

'구어체 Vs. 문어체?'라고 묻는다면 교과서적인 대답은 문어체이다.

참석 여부 회신 요망.

Vs.

미팅에 오실 수 있는지 이메일로 회신 부탁드립니다.

보고서용으로는 아무래도 문어체가 짧고 분명하다. 더욱이 한 장 보고서라면 당연히 문어체가 더 적확해 보인다.

하지만 세대가 바뀌고, 글쓰기 방식이 바뀌고 있는 현실도 직시할 필요가 있다. 한자보다 영어가 익숙한 세대, 긴 글과 두꺼운 책보다 초 단위의 영상이 익숙한 세대로 조직원들이 바뀌고 있음을 인정한다면, 과연

한자어 가득한 문어체 보고서가 맞는가? 다들 못 알아듣는 한자어를 꾸역꾸역 사용해서 전달 효율을 낮추는 게 맞는가, 다시 생각해볼 필요가 있다.

『두산백과사전』의 '문어체'에 대한 설명을 인용하자면 이렇다.

> "한국의 문어체는 언문일치가 이루어지기 전과 후로 크게 분류할 수 있는데, 언문일치 이전의 문어체는 거의 한문투여서 구어체와는 매우 다른 문자언어 생활의 독특한 양상을 보였다."

특히 이런 필요 이상의 어려운 한자가 가득한 문어체(언문일치 이전의 문어체)가 전달 효율을 떨어뜨리는 경우를 많이 본다. 나 또한 강의를 나가 보면, 전통이 있는 기업과 새롭게 떠오르는 기업, 혹은 외국계 기업의 선호하는 문서 스타일, 문장 스타일이 얼마나 다른지 충격을 받을 때가 있다. '같은 시대를 살아가는 게 맞나?' 싶을 정도다. 이 회사에서의 만점 문장이, 다른 회사에서는 반면교사의 예시가 되는 것이다. 정답은? 각 회사 분위기에 따르되, 필요 이상의 한자어가 가득한 문어체는 절제하라고 권하고 싶다.

1. 결론: 문어체 추천.
2. 근거: 구어체 대비 짧고 명확하여 한 장 보고서에 적합.
3. 생각해볼 포인트:

① (세대 변화) 한자/ 책보다 영어와 영상에 익숙한 세대의 기존 한자 가
득 보고서용 문장에 대한 반감.

② (기업별 문화) 대기업 (한자 중심 문어체 선호) Vs. 스타트업, 외국계
기업 (영어 위주 구어체 선호)

4. 요청:

① 회사 분위기를 따르되, 필요 이상 어려운 한자로 가득 찬 문어체는 절제.

② 이해가 어려운 단어는 구어체로 쉽게 쓰기.

그래서 처음 이야기한 '참석 여부 회신 요망'에서 요망보다는 '부탁'이라
고 바꿔, 쉬운 문어체를 추구하면 어떨까?

나 또한 한자어가 많은 스타일의 보고서를 작성하려고 하면 분명 머릿
속에 내용이 있는데도 잘 써지지 않을 때가 있었다. 이는 마치, 한국말로
하라고 하면 잘하는데, 영어로 말하라고 하면 아무 생각이 안 나는 것과
비슷하다. 이럴 때는 오히려 내가 하고 싶은 말을 한글로 쫙 쓰고 (자유롭
게 생각한 후) 영어로 번역하는 것도 방법이다. 그래서 나는 내가 결국 보
고서에서 하고픈 말을 쉽게 친구에게 하듯 쫙 쓰고, 보고서용 말투로 다
시 바꾸는 경우도 있다.

Q. 필요 이상의 어려운 문어체를 쓰고 있다면 쉽게 쓰자. 어려워 보이
는 게 중요한가, 잘 전달되는 게 중요한가?

9
축약어

테슬라의 CEO 엘론 머스크가 직원들에게 쉽고 직관적인 단어를 쓰지 않으면 해고해버리겠다고 협박했다는 일화는 유명하다. 심지어 2010년, 그가 전 직원들에게 보낸 이메일 제목은 '축약어는 정말 밥맛이다(Acronyms Seriously Suck)'였다고.

하지만, 축약어 덕분에 보고서가 짧고 깔끔해질 때가 많다.

그럼 어쩌라는 건가?

보는 사람이 누구인지, 상황이 어떤지에 따라 다르다는 거다.

엔지니어끼리 보는 보고서에는 굳이 전문 용어를 길게 풀어 쓸 필요가 없다. 그때는 축약어가 전달 효율이 높다. 하지만 외부 팀으로 나가는 보고서라면 당연히 풀어서 쉽게 써야 한다. 아니라면, 이는 마치 중국인에게 불어로 이야기하는 센스 없는 경우나 다름없다.

인터넷 유머 게시판에서 '택배 기사님과의 대화'라고 이름 붙은 문자 메시지를 보고 빵 터졌는데, 그 내용은 다음과 같다.

택배 기사님: 택배물 옥상 실외기 에어컨 뒤에 있습니다.
나: 네, 감사합니다.^^

택배 기사님: 택배 옥상 실외기에 있어요.
나: 네, 고생하십니다.^^

택배 기사님: 택배 옥상 실외기요."
나: 네, 감사요.^^

택배 기사님: 택배 옥상 실외기.
나: 네, 감사.

택배 기사님: 옥상 실외기.
나: 감사.

택배 기사님: 실외기.
나: 네.

택배 기사님: ㅅㅇㄱ

나:　　　ㅇ

　만약 이 택배 기사님이 처음부터 'ㅅㅇㄱ'라고 했다면 서로 못 알아들었을 것이다. 하지만 이에 대한 대화가 쌓였고, 같은 '전문 언어'를 갖고 있는 경우니 사용해도 된다. 짧고 명확하게 전달 효율이 높아진다. 그러니 눈치껏 상황에 맞게 쓰시라.

⑩ 2가지 보고 센스

보고 시 꼭 하면 좋은 2가지를 이야기하려 한다.

첫째는 중간보고다.

우리의 소중한 노동력 보호를 위해 중간보고를 통한 큰 방향성 확인은 필수다. 실컷 산에 올라갔다가 "아이고, 여기가 아닌가벼" 하면 얼마나 난감하겠는가.

자주 발생하는 상황을 보자. 힘겹게 일을 끝낸 후 상사에게 "그때 요청하신 것 여기 있습니다"라고 전달했는데, "이게 뭔가? 내가 하라고 한 건 이게 전혀 아닌데…" 이런 일은 언제든 일어날 수 있다. 열심히 했지만 성과는 없다.

그래서 진행 전, 업무를 받는 순간 다음 사항을 반드시 확인해야 한다.

1. 상사의 지시 확인

○○를 ○○ 흐름으로 정리해 오라는 말씀이시죠?
○○를 ○○ 식으로 정리하려 하는데, 생각하신 게 맞나요?

즉, 상사의 의중과 일치하는지 확인하면 좋다. 상황에 따라, 상사 자신도 잘 모르는데 우선 일을 진행시키기 위해 말을 꺼내는 경우도 많다. 이런 때에는 어느 정도 진행 후 아래 사항을 확인한다.

2. 중간보고: 전체 가안 및 방향성 검토

상대에게 정리된 목차를 보여주며 "이런 식으로 정리해볼까 합니다"라고 사전 협의를 하거나, 좀 더 진행 후 "이런 식으로 하고 있고 이렇게 보완해나가려 하는데 맞는지요?"라고 중간보고 하면, 추가/ 삭제하면 좋을 부분 및 큰 방향성 점검 등이 협의 가능하다.

더불어 이미 협의한 부분이기 때문에 최종 납기 순간에 "이게 뭔가!!" 하는, 처음부터 다시 보고해야 할 허무한 상황은 막을 수 있다. 또한 중간 아웃풋을 가지고 협의하기 때문에 세부적인 피드백과 논의가 가능해 훨씬 건설적으로 일할 수 있다.

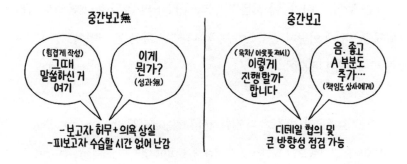

물론 상사가 피드백을 원치 않는 경우도 있다.

나한테 묻지 말고 네가 알아서 해, 스타일의 상사.

물론 중간보고를, 너무 이제 막 세상을 알아가는 호기심 가득한 3살 처럼,

이건 이럴까요?

저럴까요?

이건 왜 그런가요?

짜증 날 정도로 세세히 물어보라는 게 아니다.

목차 깔끔하게 적어서 '보여주면서', 주요 페이지 구조 '보여주면서', 간 단히 협의하는 것을 의미하기에, 조금 귀찮아하는 기색이라도 눈치껏 행 동할 것을 권한다. 사실 이건 보고자에게 좋다. 확인받는 순간, 책임은 확인해준 피보고자, 상사가 지게 되어 있기 때문이다.

또한 목차뿐 아니라 기대하는 아웃풋 또한 중간 협의하면 좋다.

예를 들어, 상사가 "이 건은 김 대리에게 다 맡길게" 한다고 해도, 한참 뒤에 "아니 왜 이렇게 진행했어?", "아니 왜 결과물 안 가져와?"란 피드백을 할 수 있기 때문이다.

"네? 결과물이요? 그거 다 진행해서 끝냈는데요?"

"아니, 진행했으면 제안서로 정리해서 줬어야지!"

"아… 별말씀 없으셔서 제안서 정리 없이 마무리했습니다만…."

"…."

특히 요즘과 같이 이직이 잦은 시대에, 서로의 상식이 다른 경우는 중간 점검을 통해 상대방이 원하는 '결과물의 형태'가 뭔지, '아웃풋 리스트'를 공유하는 것도 같은 맥락에서 필요하다.

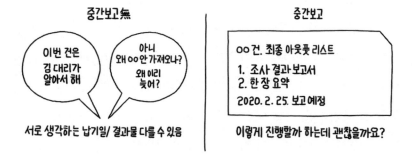

"이 건은 1월 25일부터 소비자 조사 후, 한달 뒤 조사 결과 보고서랑 한 장 요약본 2개로 정리해서 보고 드릴까 하는데, 괜찮을까요?"

내가 강의하면서 만나는 많은 회사의 팀장들 대부분은 "직원들이 중간보고를 안 해. 그리고 나중에 보면 전혀 다른 일을 해 와. 미치겠어"라는 말을 자주 했다. 왜 우리는 중간보고를 잘 하지 않는 것일까?

짜자잔!

한 방을 보여주고픈 욕심 때문에 그런 것 같다.

나는 그랬다.

정말, 신입 사원 때 내가 얼마나 개념이 없었냐면(이 글을 쓰면서도 당시 팀장님께 민망하고 감사한 마음이 든다), 제안서를 작성할 때 팀장님이 뒤에 오면 손으로 모니터를 가리며 "보지 마세요! 다 끝나고 보여드릴게요" 했다. 소통하는 직장인 마인드가 아니라 신비주의 작품 세계를 가진 작가로서 일한 것 같다. 지금은? 일 빨리 끝내기 위해, 그리고 성과를 내기 위해 서로의 머릿속 생각을 맞춰보는 중간 협의를 필수로 거친다.

짜자잔~! 서프라이즈!

나 이렇게 잘했지롱!

나 정말 짱이지?

한 방 보여주고픈 욕심을 내려놓으면 인생이 편해진다.

그리고 남과 나는 너무나 다른 사고방식을 가졌기에 현실은 한 방 '빵!' 터지긴커녕 실소가 터진다. '뭐냐, 이거.'

상사가 상상할 수 있는 그림으로 방향을 맞추는 것도 방법이다.

예를 들면, 지시어 '이것, 저것, 그것'이 아닌, '이렇게, 저렇게, 그렇게'가 아닌, 정확히 '무엇' 혹은 '○○처럼'이라고 이야기하는 것이다.

"저는 지난 달에 이 대리가 발표한 A프로젝트 제안서처럼 정리하려 하는데 괜찮을까요?"

"상무님과 지난 달 함께한 B프로젝트 발표처럼 '컨설팅 제안서' 형식으로 정리할까 하는데 맞나요? 아니면 C프로젝트처럼 '한 장 보고서' 형식으로 정리해서 드릴까요?"

중간보고를 안 하면 실소가 터지는 것보다 더 심각한 일은, 업무가 펑크 날 수도 있다는 점이다. 상사는 구체적으로 어떤 시간에 보고받길 기대하며 다음 업무들을 계획하고 있는데, 그것이 뒤로 밀리면서 수습할 시간도 사라지고, 상사 스케줄은 물론 팀 전체 스케줄이 꼬일 수 있다. 만약 약속된 시간까지 완성이 어려운 경우에도 중간보고를 통해서, 대략 업무 진행이 몇 %까지 됐고, 이런 식이라면 약속 시간을 넘길 것 같은데 어떻게 하면 좋을지 조언을 구함으로써 일이 굴러가게 하는 것이 중요하다.

또한 리더라면, 이런 일을 방지하기 위해 직접 질문하며 확인해주는 것도 한 방법이다.

"그래서 해야 할 일은?/ 어떻게 진행해야 할까?"

"○○로 정리해야 할 것 같아요."

대화를 통해 서로 아웃풋 형태를 확인하는 것이다.

여태 주저리주저리 이야기한 걸 간략하게 정리해보자.

결론 What?

근거 Why?

요청 How?

결론: 중간보고 하기

근거:

1. 보고자 노동력 낭비. (최선 다했으나 상사가 원하는 것이 아닌 경우, 시간과 노동력 낭비, 정신적 허무.)

2. 피보고자 업무 차질. (기대와 전혀 다른 아웃풋이지만 수습할 시간 없어

   업무 펑크, 팀 전체 스케줄 꼬임.)

요청:

서로 그림을 맞춰나가는 중간보고 필수

① 목차 및 최종 결과물의 형태(일정, 아웃풋 형태) 협의.

② 지시어 사용 금지. ('그거'대로 → '○○프로젝트 형식으로')

③ 중간 결과물 보고. (방향성 점검 및 보안점 확인)

④ 약속된 시간을 넘길 것이 예상되면 중간보고를 통해 플랜 B 협의.

둘째로 권하고픈 것은 이메일 보내기다.

좀 더 정확하게는 이메일로 증거를 남겨두기.

구두로 이야기한 것에 대해 상대가 불리해지는 경우, 말을 바꾸는 때가 있다, 라고 쓰면서 이 일을 당했던 옛날 기억이 떠올라 살짝 울컥한다. 이런 경우를 방지하고자 구두로 이야기한 것에 대해,

"○○ 건에 대해

오늘 ○○로 협의한 것에 대해 공유드립니다."

라고 협의 내용을 간략하지만 정확히 적어 이메일로 보내두면 좋다. 상

대가 딴소리하면? "아, 그때 이메일 한번 확인해보셔요"라고 말해줄 수 있다. 그리고 이메일 보낸 후, 문자도 보내기를 추천한다. 외부 첫 미팅 후라면 더더욱 그렇게 하기를 권한다.

"○○ 파일 보내드렸습니다. 확인 부탁드립니다. 감사합니다."

메일이 제대로 들어갔는지 확인하기 위함이다. 혹시나 주소가 틀렸을 경우, 보냈는데 보안 때문에 안 들어간 경우, 엉뚱한 사람에게 가 있는 경우 등을 방지하기 위해. 특히 집에 들어와 다 씻고 미드 보는, 세상 행복한 야심한 시각에 "아직 이메일 안 왔는데요? 혹시… 보내셨나요?ㅜㅜ"란 슬픈 메시지를 받지 않도록.

건투를 빕니다

성경에 이런 구절이 있다.

**무엇이든지
남에게 대접을 받고자 하는 대로
너희도 남을 대접하라**
(마태복음 7:12)

입장 바꿔 생각해보자. 당신이 매우 피곤하다. 근데 앞에 앉은 사람이 이야기 좀 하자 해놓고 1~2시간 밑도 끝도 없이 말하면 어떤가. 마무리 하겠다고 해놓고 2시간 지나 있음 어떤가.

열 받는다.

그러니 내가 들고픈 말로 나 스스로 말하고 정리하는 습관을 들이자.
내가 들고픈 말은 어떤 것인가?

결론부터 말하면…. (오, 결론부터 말해주면 좋지!)

한마디로 말하면…. (오, 한마디로 짧게 말해주면 좋지.)

이유는 3가지야. 첫째…. (오, 딱 3가지만 들으면 되겠구나.)

딱 4단계로 나눠 이야기할게. 첫 번째 단계는…. (오, 딱 4단계만 들으면 되
겠구나.)

바로 이렇다. 내가 들고픈 말로 시작하고 정리하기.

서로 명확하게 정리하는 걸 훈련해서, 보고서가 짧아지고 야근이 짧아
지면 좋겠다.

Life really does begin at forty.
Up until then,
You are just doing research.
-Carl G. Jung

인생은 40대부터, 그전까지는 '리서치'라는 칼 융의 명제에 고개를 끄
덕여본다.

현장에서 보고서 때문에 다들 얼마나 괴로워하는지 느꼈기에 "이렇게만 하시면 된다!" 알려드리고 편하게 해드리고프다. 하지만 정답이 없는 영역이라 '이렇게만!'이라고 정리하기가 불가능하다. 아마 다들 리서치하며 사시느라 고생이 많을 거다. 그 리서치에 도움이 되고자, 나의 인생에서 하나하나 겪고 배운 리서치도 최선을 다해 정리해서 이 책에 담았다.

이 책을 읽다 보면, 기본 골격 제시 후 이런 예시, 저런 예시를 같이 든 것을 볼 수 있을 것이다. '심플하게 딱 하나만 이야기하지. 왜 이럴 수도 있고 저럴 수도 있다고 하는 거야?' 싶을 거다. 그러나 기본 골격은 그래도 누군가는 소스를 발라 먹고 누군가는 담백하게 먹는 걸 더 선호하지 않나.

그러니 이 책을 기반으로 하되 결국 당신의 결재권자에게 맞추시라. 당신 보고서에 대한 최종적인 결재는 이 책의 저자인 내가 아니라 그 분이 하는 거니까.

이 책의 내용에 대해서 남편과 이야기해봤는데, 어떤 보고서에서 남편은 결론을, 나는 문제를 중시했다. 역피라미드 사고가 강한 남편은 아래에서부터 내용을 다 잘라낸다 해도, 가장 핵심적인 게 위에 남아 있도록 중요한 결론부터 덜 중요한 순서대로 작성하는 걸 중시한다. 나는 그 부분에 강하게 동의해서 대부분 그것을 따르지만 일부 보고서는 문제를 먼저 납득시키는 게 우선이라 생각하기도 한다.

결론은?

내 남편 같은 의사결정권자를 만나면 무조건 결론부터, 나 같은 의사결정권자를 만나면 대부분은 결론부터 하되, 어떤 보고서는 문제부터. (이렇게 쓰고 보니 내가 더 까탈스럽게 느껴진다.)

때로는 결론부터 이야기하면 안 되는 경우도 있다. 보고의 경우는 아니지만 '재판'의 예를 들면, 판결은 두괄식으로 내리는 경우가 많지만 사형의 경우는 대부분 최후에 내린다고 한다. 회사에서든 일상에서든 냉정하고 슬픈 결론을 전해야 하는 경우에, 최소한 웃고 있는 표정에 찬물 끼얹듯 급하게 이야기하지 않도록, 상대방이 앞의 얘기들을 들으며 결론을 추측해서 마음의 준비를 할 수 있도록, 배려해서 말하는 것도 중요하다. 결론부터 명확하게 쓰는 게 좋은 점이 참 많지만 이 또한 핵심은, 상대방에 답이 있다는 것.

이 책 읽으시느라 거북이가 됐다면, 다시 인간으로 돌아갈 시간이다. 기지개 펴시고, 허리, 어깨 펴주시고 소중한 당신의 건강을 지켜주시길. 그리고 이 책에 나오는 기본기를 연마하셔서 업무가 수월해지길 빈다.

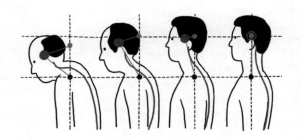

한 장 보고서의 정석

초판 1쇄 발행 2018년 7월 2일
15쇄 발행 2024년 3월 25일

지은이 박신영
펴낸이 오세인 | **펴낸곳** 세종서적(주)

주간 정소연 | **편집관리** 이다희
디자인 김미령 | **일러스트** 정민영
마케팅 김연주 | **경영지원** 홍성우
인쇄 천광인쇄 | **종이** 화인페이퍼

출판등록 1992년 3월 4일 제4-172호
주소 서울시 광진구 천호대로132길 15, 세종 SMS 빌딩 3층
전화 (02)775-7011 | **팩스** (02)776-4013
홈페이지 www.sejongbooks.co.kr | **네이버 포스트** post.naver.com/sejongbook
페이스북 www.facebook.com/sejongbooks | **원고 모집** sejong.edit@gmail.com

ISBN 978-89-8407-719-5 (03320)